幸福的幼儿教育：

以湛江市第二幼儿园管理为例

谢宏卫　编著

哈尔滨出版社
H.P.H
HARBIN PUBLISHING HOUSE

图书在版编目（CIP）数据

幸福的幼儿教育：以湛江市第二幼儿园管理为例 /
谢宏卫编著 . —哈尔滨：哈尔滨出版社，2023.2
ISBN 978-7-5484-7071-7

Ⅰ . ①幸　　Ⅱ . ①谢　　Ⅲ . ①幼儿园 – 管理 – 研究 –
湛江 Ⅳ . ① G617

中国国家版本馆 CIP 数据核字 (2023) 第 028455 号

书　　名：**幸福的幼儿教育：以湛江市第二幼儿园管理为例**
XINGFU DE YOUER JIAOYU : YI ZHANJIANGSHI DIER YOUERYUAN GUANLI WEILI

作　　者：谢宏卫　编著
责任编辑：滕　达
装帧设计：道长矣

出版发行：哈尔滨出版社（Harbin Publishing House）
社　　址：哈尔滨市香坊区泰山路 82-9 号　　邮编：150090
经　　销：全国新华书店
印　　刷：天津和萱印刷有限公司
网　　址：www.hrbcbs.com
E-mail：hrbcbs@yeah.net
编辑版权热线：（0451）87900271　　87900272
销售热线：（0451）87900202　　87900203

开　　本：889mm×1194mm　1/16　印张：9.5　字数：200 千字
版　　次：2024 年 1 月第 1 版
印　　次：2024 年 1 月第 1 次印刷
书　　号：ISBN 978-7-5484-7071-7
定　　价：50.00 元

凡购本社图书发现印装错误，请与本社印制部联系调换。**服务热线：**（0451）87900279

自　序

唱响幸福的幼儿教育生命之歌

我出生在农村，经历过懵懂的童年时期，面对艰苦的生活，使我逐渐认识到，只有读书才有出路，才可能拥有美好的未来。为这一目标我努力奋斗，奋力奔跑，以优异成绩在湛江幼儿师范学校毕业后，我成为一名光荣的小学音乐教师。我追求专业上的进步，继续进修，又度过了六年艰苦的函授学习，顺利结业。这段生活弥补了我大学生活的空白，也让我在专业上得到了更高的提升。

艰苦生活铸就了我的坚强意志，励志经历成就了我的奋斗品质。一路前行，一路奋进，从之前的黄毛小子现成长为一名人民教师，从之前一位默默无闻的一线教师，成为一名有着一定影响力的基础教育教师，从单打独斗的思维模式到团队建设的践行者，从没有任何积累习惯的教育工作者到喜欢积累、总结、反思、分享的艺术教育工作者，从一名没有教育主张的普通艺术教育者到有着自己个性魅力的基础教育管理工作者，从不懂课题研究如何开展到能向别人分享研究心得和途径的"专家型"教师，这一切，详细记录了我的成长足迹，证明了我的些许亮光，助力着我唱响教师未来生命之歌。

一、以日积月累的学习振飞理想

研修是教师进步的阶梯，学习是教师永葆青春魅力的主要途径之一。依靠学习，走向未来。学习是教师生涯永恒的主题。对于学习，我提倡以下三种方式：一向书本学习，因为一本书就能为你打开一扇窗，腹有诗书气自华；二向朋友学习，因为选择一位朋友就是选择一种生活方式，物以类聚，人以群分；三向生活学习，因为生活是我们的根，一切经验源于生活实践，又服务于生活实践。学习无处不在，成长不可停息，只有唱响"学习"之歌的旋律，方能在人生教育途中收获属于自己的鲜花和掌声。

入职后，我除了参加学历提升的学习外，还经常主动参加其他的专业培训，如参加省级强师工程、市级学科带头人、市级骨干教师、省级骨干教师、市级名教师培养对象、市级名师工作室主持人等系列培训。通过不断的强化培训，我的专业水平突飞猛进，崭露头角，并获得了一定的成效，现如今已成长为湛江市骨干教师，湛江市名教师培养对象，广东省骨干教师培养对象，湛江市首批、第二批名师工作室主持人，曾在国家级、省级报纸杂志发表教学论文 12 篇，出版著作 2 部。

在学习中，有三次经历对我的影响深远。第一次是在深圳参加"奥尔夫教学法"国家培训，第二次是以导师的身份引领同行们进行跟岗学习，第三次是作为培养对象参加广东省骨干教师培养项目，其中对我影响最大的是第三次学习。那是 2017 年 4 月 13 日，是我参加省级骨干教师阶段性培养的最后一天。会议主要内容是培训的阶段性总结，一共有四个环节，一是岭南师范学院教育学院书记讲话，二是指导教师分享指导心得，三是学员代表进行收获分享，最后是湛江市教育局教师继续教育中心科长做指导性讲话。在认真聆听后，激起我对自己职业现状的深入思索：难道说我在教坛上工作了 16 年，就算得上经验丰富？难道已经发表几篇文章就能在教育改革大潮中站得住脚？这又有什么能证明呢？真是难啊！况且我现在还是湛江市名师工作室主持人，仍需带领并培养我们的接班人，责任之大不言而喻。直至我回霞山的途中，才灵机一动，看来我需要重新寻找自己长期发展之路啦！这时，我想起了叶澜教授曾经说过的话："一个教师写一辈子教案不一定成为名师，如果一个教师写三年教学反思就有可能成为名师。"是的，我要成为这个行业的名师、骨干教师，就要坚持写自己的教学反思，写自己的生活日记。从此开启了我的写作生涯，直至今天，我已积累教学反思、生活日记将近 200 万字，读书笔记 50 多万字。

这一习惯的养成，让我成为关注课堂教学、敢于求索创新的教育工作者，让我成为有教研目标的工作室主持人，让我成为善于总结反思的学校主要领导。还有一个意外收获是，我一直是一个不善言辞的人，由于每天坚持反思和提炼，使我在各种公开的教育教学场合逐渐能自信从容地发表见解，发言更具条理性、概括性，言语铿锵有力，偶尔还适当引用前人的名言警句、妙词佳句，对生活的视角也颇具广度和深度。

这一习惯的养成，对我影响特别深远的一点，就是对日常生活与工作中的失败和成功有了更加成熟的认识：无论得失，都是生命的一个过程，都是给自己积累经验的平台，都是历练意志、提升自身修养的机会。从此，我不再因为一时的失败而沮丧、停滞不前，也不会因为一时的成功而骄傲、沾沾自喜。

"不积跬步，无以至千里，不积小流，无以成江海。"这是提醒我们，要想做出成果，必须重视日积月累，必须做一名坚如磐石的坚持者。我们教育工作者工作总是紧张的，忙碌了一天，经历了那么多大大小小的教育问题，有成功的也有失败的，有即将进行的，也有正在进行但还需要继续改善的，如果每天都能安排一定的时间静一静，捋一捋，对这些事件和现象进行深度反思和提炼，就会渐渐感受到自己思想在潜移默化的进步，自己的教育思想正在一步一步地向着理想的高度前行。由于长期的坚持和积累，2019 年我正式出版发行了个人第一本专著《做一名用心的教师》；2020 年我与韩宁、林春辉校长合作编著的《爱满校园——"我的教育小故事"评析与拓展》出版发行。

一路走来一路艰辛，一路奋斗一路欢歌，一路学习一路反思，用坚定的意志和辛勤的汗水浇灌心中的希望，用刻苦的学习和持续的积累迈向新的职业生涯。

二、以持之以恒的研究唱响未来之歌

苏霍姆林斯基曾说过："如果你想让教师的劳动能够给教师带来乐趣，使天天上课不至于变成一种单调乏味的义务，那你就应当引导每一位教师走上从事研究这条幸福的道路上来。"可见，引领教师进行研究才能给予教师深度的幸福感。回到教师和园长个人本身，只有学会在教育教学道路上缔造幸福的教师和园长，才能尽情享受我们这份职业的乐趣，才不会出现职业倦怠。基于以上的认识，我从入职以来就树立"教学即研究"的思想。早期我的理论积累不够，就经常阅读专业书籍，并做好读书笔记。这一做法我一直坚持到现在，共积累下三本共50多万字的先进教育理论笔记，提升了我教育教学的理论高度。从2013年起，我相继发表教育教学论文12篇，相当于每年发表1至2篇。由于研究的需要，我从2015年开始尝试自己做小课题，其中《利用体态律动调动中高年级学生学习积极性的实践研究》荣获广东省教育学会小课题研究成果评比一等奖。2017年我开始尝试做霞山区中小学教育科学"十三五"规划课题《中小学音乐欣赏课活动创新设计研究》，由于研究成果丰硕，受邀面向全区97位课题组主持人进行研究经验分享。2019年作为主要课题组成员完成岭南师范学院广东中小学教师发展中心项目《深入研究校史，建设铁路特色文化校园》研究工作，2021年作为主要课题组成员完成湛江市中小学教育科学"十三五"规划2019年度课题《有效提升霞山区义务教育阶段学生音乐素质测评质量的策略研究》。

三、以"工作就是修行"的理念快乐工作

基于"工作就是修行"的理念，我在现单位工作期间，创建了学校首个学生社团"墨苑文学社"，截至目前已向全校和社会分享50期月刊，四本《墨苑文学集》，并于2018年荣获广东省特色读物三等奖。近两年主持开展了13个学生社团活动，编创相应的校本课程，经过汇集与提炼，《"尚美"特色课程方案》荣获广东省2019年特色方案建设三等奖，由此，我校成为霞山区唯一一所连续两年荣获特色建设方面省级奖项的学校。自2020年7月调任湛江市第二幼儿园任园长工作以来，主持省级项目2项，践行"小乐园大世界"主题文化建设，分别以"蓝色湛江""特色广东""红色中国""彩色世界"四个版块拓展，并开展系列研究和实践活动，编制园本特色绘本30余套，由于方向明确，成果明显，2020年成功被湛江市教育局推荐为广东省中小学教师校本研修培育学校，同时作为广东省校本研修基地成员园，本项研究于2021年通过市级课题立项，将在更高的平台继续夯实园所特色文化建设。日常推行"常规工作主题化，主题性工作成果化"的工作理念，让发生在幼儿园中的每一件事都尽可能留下痕迹，成功推出《幸福二幼》月刊9期。近期将

根据工作实际和职业规划，编写并组稿系列成果著作。

我对教育教学研究情有独钟，从不感觉疲倦，还不断开辟新的领域，以优秀教育教学成果回馈社会，我曾相继开展专题讲座10余场，送课到农村、乡镇、落后山区共10余次，获得较高认可。在2018年，由于事迹和成果突出，我被评为"广东省南粤优秀教师"。可以说，是持之以恒的研究助力我唱响魅力男园长的未来生命之歌。

古语有云："不经一番寒彻骨，怎得梅花扑鼻香。""幸福是奋斗出来的！"是的，每个人的成长之路绝对不会一帆风顺，遇到荆棘与坎坷是路上必经的考验，但如果我们做好迎战的准备，做一名奋斗者、学习者、研究者、坚持者，以饱满的热情拥抱我们的事业，用嘹亮的歌声唱响我们的未来，相信必将"会当凌绝顶，一览众山小！"

作　者
2021年10月

目　录

3

4

园长任职历程

第一篇：就职仪式讲话稿

尊敬的各位领导，根据组织安排，我是到二幼主持工作的谢宏卫园长。在讲话之前，首先感谢领导对我的信任，谢谢！现对我接下来在新岗位的工作做如下表态：

一、做一名忠诚、廉洁、有担当的党员领导干部。对党忠诚、区委区政府、教育局党委忠诚，廉洁自律，团结合作，敢于作为。

二、依靠学习，走向未来。学习永远在路上。由于本人是新上任的单位负责人，需要学习的知识，锻炼的能力很多很多，深知其路漫漫，但吾将上下而求索。

三、为师幼谋幸福是我的事业。教育教学是教师的常态工作，健康成长是幼儿的主基调，我将依照《幼儿园教育指导纲要（试行）》和《3~6岁儿童学习与发展指南》相关规定，重视单位的制度建设，人文关怀，保教研究等，从幼儿园一日活动入手，继续沿着各位前辈打下的坚实基础，引领教师在幸福的科研道路上前行。以游戏为基本活动，由学问知识向体验性知识转变，由内容知识向方法性知识转化，让孩子们在我们的幼儿园幸福健康成长。

总之，我将深入落实"三线"（安全、安稳、廉洁）"三服"（服务、服从、服众）的会议精神，服从领导，敢于担当，勇于创新，大胆作为，为我区学前教育做出应有的贡献，给领导、幼儿园家长和小朋友们交出一份满意的答卷。

我的讲话完毕，谢谢大家！

第二篇：人生特别的日子

人是需要不断向上攀爬的！

今天是我调任幼儿园园长的第一天，下午5点在教育局参加就职宣布大会，会后马上到湛江市第二幼儿园报到。报到的细节，我暂时不记录，但有几点感悟和提醒，需要记录下来，以便日后警醒自己。

一、担任负责人的担子真的很重，柴米油盐酱醋茶，什么都需要你牵挂。

二、工作永远没有大小、巨细之分，幼儿的安全是开展一切工作的前提。

三、在一个单位，老领导在和不在，如何协调和管理，如何融合和调度，真是一个不小的学问。

四、幼儿园单位虽小，但五脏俱全，都需要我们精心呵护，用心经营，细心保养。

五、年轻人，需要平台，更需要稳重！

2020年7月31日撰于家中

湛江市第二幼儿园新行政班子任职后入园第一天合影

湛江市第二十四中学行政团队、湛江市第二幼儿园行政团队合影

第一部分　幸福教育　理念先行

理念先行，行动为基。

理念是行动的导向，行动是理念的具体化途径。作为一园之长，具有较为先进而科学的管理理念至关重要，也是引领一所幼儿园在短期内得到蜕变的先决条件。笔者从中小学转任幼儿园园长以来，非常重视自身理念的树立与提炼，以及自身理念的落地策略研究与实践，形成了较为成型且行之有效的行动策略。

我心中的幼儿园

我很荣幸被选派到湛江市第二幼儿园主持工作，经过几天的交流、了解、学习，我大概知道了情况，但与我心中的幼儿园差距甚远，现记录下我心中的幼儿园，争取5年内基本实现。

一、有文化特色的幼儿园。文化是教育人的潜在元素，是让孩子们学会学习、学会交往的方式，未来我们的幼儿园应该是主题鲜明的幼儿活动场所。

二、孩子们的乐园。让游戏融入教育的过程中，让每个孩子都笑出声音，露出牙齿，记住幼儿时光。

三、教师敢于表现的平台。努力做到人人都有表现的平台，人人活在学习中、成长中、表现中，努力让每一位教职工都能发光发热。

四、自己家的感觉。人人和睦相处，相互帮忙，事事都有人做的氛围与场景。

五、社会认可的家园。加强学校动态宣传，让社会、家长、上级各部门都了解我园，并设计有意见反馈栏，促进管理在阳光下推进。

六、研究成果多样化。各级学生每年都有比赛活动5人次以上，教师获奖或出成果10人次以上，每年坚持推出阶段性课题研究成果、个人专著（编著）等，丰实园所文化底蕴。

七、幼儿营养保育科学。完善营养配置科学系统，落实保育高效科学，使在幼儿成长方面确实得到保障，并给予公开，接受家长监督，获得社会认可。

——2020年8月4日撰于家中

一个人走得快，一群人走得远

"一个人走得快，一群人走得远。"这不是一句空话。真正想为单位做事的领导，对这句话都会有着很深的理解。今天，这句话再一次让我不得不去深刻领悟。

下午，我回幼儿园召开了一次关于增派人手到各个部门进行帮忙的会议，本来事先都已经说好了，但在讨论时，意见还是有些不统一，需要进一步修改，其中有两点让我特别有感触。

第一，做事要注意过渡。今天主要是讨论部门新增人员的工作，由于考虑到岗位的具体化，所以有意安排到具体的岗位，有具体的负责事项，但在讨论中，有领导提出，这样的表格公示出去，会引起职工对园长工作的不满，会质疑我们这些中层的能力，造成不和谐的局面。虽然她在讲话时非常激动，甚至说有点难听，但在我听来，比较合理，所以采纳了她的建议，只提及相关部门帮忙。现在回过头想，这样的软着陆过渡还是比较好的。有些工作真的不能太明确，因为除了给本人留有一定的空间外，更多的是锻炼中层干部的能力。可谓是一举多得。

第二，领导要充分理解各部门的工作。今天的讨论，我听到疑似有火药味的指责，甚至是质问，由于是讨论，所以很正常，但有一点我是不大赞同的，那就是对个别部门的工作不够理解。在我心中，没有经历过就不知道其中的艰辛，正如毛主席所说"没有调研就没有发言权。"我们要的是创设一个能让大家安心、开心的工作环境，每一岗位的设置，都有着它的必要性，只是工种不同，范围有异而已。如果你老是针对他人，其实只会让彼此不舒服，不和谐，而没有任何的实际意义。反之，则是彼此开心合作，哪怕成果不是特别明显，但大家享受的是工作带来的幸福和快乐，何乐而不为呢！

总之，非常感谢每一位伙伴，我可以大声说："服务好你们就是我的事业，让大家开心工作就是我的宗旨。请大家放心！"

——2020 年 8 月 13 日撰于家中

服务从日常开始

"管理就是服务，工作就是修行。"这句话这段时间我经常说，也一直在践行着。

今天早上，我在门口值日，改非的老园长突然跑过来和我说："张老师入选广东最美幼儿教师的评选，现正准备宣传，需要拍录 90 秒的视频资料上传指定网站，我们怎么做？"听到这我既高兴，又奇怪。高兴的是她能给我们幼儿园争来荣誉，是我们的榜样和骄傲。奇怪的是为什么现在才说，也太迟了吧！但不管如何，这已经是事实，我们得想办法解决，而不是追究责任。于是我开始构思并找相关教师商量，也随机拍下早上锻炼的视频，以备日后所需。

由于人手不够，只能临时安排梁主任跟拍张老师一个上午，拍摄她的一日教学生活，下午我根据她的自我介绍压缩内容，按照语速争取控制在 80 秒以内。并召集技术人员和录音人员马上处理，到现在基本能完成任务，就看看明天的成品啦！

晚上六点左右，张老师跟我说要当面感谢我，但由于我有别的工作安排，无法安排进一步的聊天和交流，我随即说了四句话：您的荣誉是幼儿园的荣誉，我们要感谢您！您的事迹非常感人，是我们的骄傲！您平时的配合就是最好的榜样！您的主动行为值得我记忆。

这件事也就告一段落，但给我的启发却是深远的。

我们平时的工作，虽然小，但对于一位普通教师来说，却是大事，在她看来比任何东西都重要。我们为她着想，为她服务，那她自然就会感激你，转而换之的是她极力配合日常工作，高效完成本职工作，这就是我们一直追求的目标。

勿以恶小而为之，勿以善小而不为。我们的点点滴滴，都是有张力的，是可以感动一个人，感化一个人的，甚至是以平方数那样递增的，并且影响着周围的人，这样的工作场面难道不是我们所追求的吗？

希望我们永远记住，服务好每一位职工就是我们的事业，一如既往的事业！

——2020 年 9 月 7 日撰于家中

立足本位　方能走远

任何事情和工作，都要落地，才能开花，不然一切都是空谈。

今天上午，我在教育局参加了师德师风教育专题会议，这次会议给我们敲响了警钟，下午回到幼儿园，便组织召开了《致敬抗疫英雄 弘扬伟大抗疫精神》的党员学习会议，在会议上除了学习四位英雄的抗疫事迹外，重点基于我们的实际工作进行了交流，碰撞出了层层火花。

在学习体会中，我谈及领导层面的问题，也谈及这段时间我跟岗学习所发现的问题：

1. 晨谈落实不到位。

2. 音乐、美术领域教学需提升。

3. 班级钢琴利用率不高。

4. 区域活动开展欠实。

5. 集体的教育活动过多，小学化非常严重。

6. 晨练缺乏兴趣点。

7. 教具与课程不配套。

我们管理的宗旨："服务一线，搭建平台，谋划发展。"

解析：管理就是服务，切实下到基层，做好保教服务工作。为想做事、会做事、做成事的职工搭建平台。为幼儿园的未来谋划好、实践好、发展好。

我提出这些问题后，与教师们进行交流，两位教师谈到了自己的观点，有说上层建筑的问题，也有说时间不够，环节过于紧凑，连喝水的时间都没有，等等。

由于他们说的问题和我的思想有点相悖，所以我马上打断了，并直接指出："我们做事情，要多找内因，少找外因。找到内因，你就可以改变自己，马上见效果，但如果你总是找外因，你的工作是永远开展不了的。"

后面还提到些问题，但我们必须勇敢面对，直面问题，想办法解决。

不论如何，我在有些问题上已经表明态度，就看下一步我如何落实，如何一步一步去改变和调整，来实现我们团队的教育梦想。

——2020 年 9 月 24 日撰于家中

多做点　少说些

——湛江市第二幼儿园"浓情中秋·快乐国庆"
水果拼盘趣味活动有感

浓浓中秋情，丝丝思乡意。在这个双节喜庆的日子里，我们园举行了隆重的节日集体庆祝活动。

活动分为 5 个小组，分别是行政组、厨房勤杂组、小班组、中班组、大班组，活动由梁文青主任主持。

庆祝活动经过 30 分钟的比拼后，接着大家在我的钢琴伴奏下，尽情演唱爱国歌曲《我和我的祖国》，最后在我即兴创写的打油诗《你我她》中结束了今天的活动，"欢声笑语，笑语欢声，开开心心，快快乐乐，祝贺全体教职工节日快乐！开启我们幸福二幼新的明天。"

活动过后，我情不自禁地记下我的个人感想，那就是"多做点，少说些"。

教职工的管理，绝对不是教就能达到的，而是通过交流，通过具体的活动来夯实和延伸的。

以本次活动为例，我的目的是让大家在开心的活动中加强交流和合作，增进友谊，挖掘潜能。从结果来看，效果基本达到。这就是活动育人的根本所在。

我们经常听说，"我们的职工好难管，我们的职工思想这也不行，那也不行。"试问：

"你的策略呢？你的想法中，哪些已经落地？"这是值得我们大家思考的问题，不然你就是喊破嗓子也没用，气死你也没法改变现状。

因此，"多做点，少说些"是我们工作的方向与策略。既然你发现问题，找出问题的根源所在，就应该好好想想如何处理和调整，别一见问题就大发雷霆，火冒三丈，其实这些都无济于事，治标不治本，风雨过后，涛声依旧，甚至演变成做给你看，不务实，也不实用。长久下去，营造了比较紧张的工作氛围，对个人和单位都不是一件好事情。正如一句这样的话："风雨过后，有两种人。一种人抬头看天，映入眼帘的是雨后的彩虹与澄澈明净的天空；一种人低头看地，尽收眼底的是坑坑洼洼的积水与步履维艰的绝望。"

我们经常遇到出现问题就喜欢找外因的人，找来找去，问题没解决，但却惹得一身骚，脱不开身。随着时间的推移，不断地积少成多，形成一种陋习。试想，这样的领导会幸福吗？这样的集体会幸福吗？

作为管理人员，我们要树立"多做点，少说些"的管理理念，争做一名"践行者"，远离"空想家"，让自己成为一位睿智的管理者，实干的管理者，幸福的管理者。

加油！

——2020 年 9 月 27 日撰于家中

教育一样可以"一切皆有可能"

我们经常在 NBA 赛场上看到"一切皆有可能"的宣传语，回到我们教育这里，一样可以说"一切皆有可能"。

暂不说其他的事情，就拿今天的事情来说，我是深有体会的。事情是这样的：

由于我们幼儿园是老园所，所以出现了严重的温水煮青蛙的现象，年老的人不想破例，年轻的人不敢超越，形成比较固化的工作环境。我作为新到来的幼儿园负责人，是看在眼里，急在心里。想改变老的不容易，毕竟对于他们来说，已没有任何追求，就想过着"当一天和尚撞一天钟"的日子，说白了就是等着退休，想改变他们真的比登天还难。因此，只能改变年轻这批人。我们教师队伍中，1988 年以后的还有 11 位教师，是一支比较年轻的主力军，我们需要把这些资源给盘活起来，所以着手制订《青年教师成长月》实施方案，方案已于上一周定稿。

但这一方案中，最棘手的环节不是学员，而是理论导师的聘请环节，经过多次的考量之后，最终我还是决定聘请我的导师岭南师范学院周博士来担任。本来我还担心他不答应，但经过沟通，他一口答应，并对这一项目表示非常支持！让我非常开心，也增加了我对这一项目的信心。

所以我认为，在教育上也一样可以说"一切皆有可能"。因为这批队伍一培养上来，我们整个幼儿园的研究和学习氛围就会不一样啦！到那时再适机进行班主任专题或某一学科专题的培训，以提升教师的专业水平。教师达成自我的成长后，一种油然的教育情怀就会孕育而生；教师相互之间的交谈内容，自然就会是一种学术交流，一些研究实践中的疑惑或成功做法的分享，而不是怨恨和倦怠。

据此分析，我将竭尽全力把这一项目经营好，服务我们幼儿园的教育健康发展。

加油！二幼。

加油！年轻的教师们。

——2020 年 10 月 8 日撰于家中

工作中的二八定律

在工作中，我们经常忙个不停，什么都重要，眉毛胡子一起抓，但其实这样是很辛苦的，也不会出成效，同时更加不会呈现理想的执行力。

二八定律，说的是用 20% 的人力资源，完成 80% 的任务，这是社会的普遍规律。如果你一定要调动 100% 的人力和时间，去完成 100% 的工作，就会让自己身心交瘁。

最近，我在幼儿园管理上进行了系列的改革，推行了相应的措施，并让一批精明能干的给"想干事、能干事、干成事"的职工提供平台，也取得了初步的成效。最近的改革也在不断深入推进，近期将推出 12 本幼儿园的处女座园本绘本，为教职工打开更大更宽的舞台，用实际行动挖掘教职工们的潜能，为幸福二幼的建设，为"办时代满意的幼儿园，成就孩子心中的自己"的理念不断夯实和前行。

在我看来，暂时没有外力阻挠，就应该潜下心来夯实自己的底蕴和内涵。昨天接到局长的电话，需要对我园进行整改，接下来的一段时间，我可能需要放更多的精力到基建管理工作，所以，好多时候我们是很无奈的，真的需要 20% 的人来帮忙，来支撑。

路遥知马力，日久见人心。不经历风雨怎能见彩虹。相信在未来的一段时间里，我将会在管理和专业上有着更多自己的体会，但还是再次提醒自己，保住清廉，就是保住岗位，毕竟管理之路还很漫长，我将一往无前，继续续写属于我的人生。

——2020 年 10 月 17 日撰于家中

试谈培训学习

"研修是教师进步的阶梯。"是的，研修是一名教师成长的路径，甚至可以说是唯一的路径。

今天，收到前往徐州进行国培教育学习的李老师的相关分享，我看后马上向她提出了两点要求："第一，要切实进入学习状态；第二，要把学习的内容与主张内化提升，形成自己的理解。"

基于这方面的工作我深有体会，因为我是通过培训学习成长起来的。下面谈谈我对培训的理解。

一、精心组织。每一次培训学习，都是基于地区发展需要，教师阶段性专业发展需要而制订的项目计划，融政策、计划为一体，集智慧和个性为一统。所以我们必须要正确面对，切切实实进行学习，享受组织带给我们的红利和影响。

二、直面专家。这类活动都是组织方经过千挑万选，不断斟酌讨论后，专门聘请的专家学者，基本是某一领域的领军人物，或是有一定影响力的教授或学者，这有别于我们平时的领导与同事，这类面对面的交流，是一种梯次交流提升的平台和机会，是一次不可多得的学习机会。所以必须懂得珍惜与把握，学到点子上，并且基于自身发展，批判性地进行学习内化，不断形成自己的个人魅力和特征。

三、经验之谈。我们聘请的专家都是有一定的研究成果和造诣的一线教师、教授，他们跟我们交流的都是他们经过长时间实践后，总结出来的实践经验与成长途径，分享的是他们处事做人的办法与策略，直接呈现他们实施这类策略的成效与愿景，其实这就是一面镜子，一次精神的洗礼，因为通过他们思想和教育主张的洗礼后，我们会变得纯净，方向变得更加明晰可行，目标变得更加坚定，也是一次站在巨人肩膀上能看得更远的机会。

四、启发内化。任何的学习内容和方式，只是一种媒介，一次经历而已，但如果你能基于自身和环境，从中吸收内化，提升融合，形成自己的理解，并付诸行动和实践，慢慢就会形成自己的风格魅力，那这才叫作真学习。正如哈佛大学教育学博士托尼·瓦格纳所说的那样："今天的世界不仅关心你知道什么，而且关心你知道的东西做了什么。"这句话强调的就是把知道的知识，转为实践的成果和能力才是最高效的学习，否则，也只能说是一次学习历程而已，一次学习记忆罢了。

总之，学习只是方式，成长才是目的。学习与改变永远在路上。真心希望在学习路上的每一位奔跑者，都能实现自身发展的梦想，做一位令人羡慕的追梦人。

——2020 年 10 月 27 日撰于家中

用你的信任，让每个人都能发光

信任是一个人工作的前提，发光是一个人毕生的追求。相信每个人来到这个世界上，都需要得到别人的信任，特别是上级和下属，伙伴和朋友。而发光，则是每个有理想信念的人始终追求的目标，因为每个人都想着如何用自己的力量为单位做出奉献，并得到一定的认可，从而奠定自己在自己领域上的位置。

这几天，我在雷州市送教，分别到雷州市英利镇、龙门镇、杨家镇的中心幼儿园进行帮扶和交流，这既是一次任务，也是一个平台与机遇。从整个单位来说，就是一种学以致用，辐射引领；而对个人来说，则是一次成长的机会，一番教育情怀得以舒展的机会。

在本次活动中，让我深深体会到"用你的信任，让每个人都能发光"的道理。

虽说整体活动组织与大方向均由我来掌控，但主要协调员郑老师，在这一次活动中是绝对的主力，她在前期方案的制订、示范园的联系与协调，以及相关工作的主持等安排的都非常顺畅，让我看到了一位比较得力的接班人。说实话，我开始是蛮担心的，但由于我对这方面比较熟悉，所以大胆放手给有志向的伙伴去筹备，给他们提供一次锻炼的机会，搭建让他们快速成长的平台。以目前结果来看，真的是一项比较正确的举措，起码这一块，我以后就可以少管些，毕竟他们已经从这次活动中经历过且积累了宝贵的经验。

这一管理理念让我想起我在幼儿园管理的其他工作，如《幸福二幼》月刊的组稿与编辑，如《特色绘本》的组稿与设计，又如每一项全员活动的美篇推文，都是在不同教职工的努力下高效完成的，这就是信任下尽情绽放的花朵。不然，大家的潜能没有被挖掘出来，导致累的累死，闲的闲死，形成比较明显的差距后，整个环境就麻烦啦！

鉴于此，在我的管理上，将永远秉承一种团队意识，毕竟"独木不成林，一花难成春。""一个人跑得快，一群人跑得远。"所以，以后我将继续用好"信任"他人这一策略，不断地盘活各方资源，聚集星星光芒，追求燎原效果，为幼儿园的发展注入新的血液和活力，科学、巧妙运用好"二八定律""鲇鱼效应"，不断撑起二幼幸福的明天。

——2020 年 11 月 7 日撰于家中

特色建设永远在路上

——2020年11月13日特色绘本推介会主题讲话

我们经常听说："人无我有，人有我优，人优我特。"这就是特色建设的历程和最终目标。

目前，我们幼儿园在前几任领导班子的努力下，定下的办园宗旨为"幼儿开心、家长安心、领导放心、教师倾心。"基于幼儿园环境建设的需要，我们现阶段推行"小乐园大世界"的建设理念，为了使主题建设有深度、具广度，我们经过多次研究后，决定把我们的特色——课程化，课程——特色化，目的在于让我们的环境建设主题融入幼儿园一日生活的每个环节，深入每一位职工的心田里，潜移默化中给孩子们进行主题教育，丰富其主体经验，不断更新其最近发展区。

今天在这里举行首届特色绘本推介会，旨在把我们的实践成果理论化，把我们的感性活动理性化，把我们的理念设想显性化，让每一位参与者除了"知其然"，更要"知其所以然"，不断内化提升，螺旋上升。

学习永无止境，特色建设没有终点。我们的校园特色文化建设只是刚刚起航，后期将不断深入推进，不断深化提升，其建设永远在路上。

因此，需要大家的积极参与，各抒己见，勠力同心，众志成城，方能行稳致远，顺利到达理想的彼岸。其过程需要大家有蜜蜂似的奉献精神，正如一句话所说："采得百花成蜜后，为谁辛苦为谁甜"；实施过程需要大家有老黄牛的韧劲，树立目标意识和必胜信念，秉着"千淘万漉虽辛苦，吹尽狂沙始到金"的追求继续奔跑。

总之，我永远相信，在我们二幼人的温情呵护下，这朵培植70年的幸福二幼之花定会璀璨绽放，芬芳宜人，飘香万里。

——2020年11月13日撰于园长办公室

感恩有你　我心方定

——2021年1月22日基于温度管理背景下的
"你的温度我能感受"主题活动讲话稿

感恩是一种心态，感恩是一种回报！感恩是一种品质，感恩是一种心境！学会感恩，才能体会到生活的多彩，才能体会到生命的责任，懂得人生道路上的那些爱。感恩是一种精神宝藏。感恩是灵魂上的健康!

我的成长历程中，一路前行，一路感恩，一路奔跑。

下面我也谈谈"你的温度我能感受"的个人感慨!

感恩有你，我心方定。记得那是 2020 年 7 月的最后一天，按照教育局的安排，我进行园长任命述职讲话后，随即到新的单位报到，由于时间仓促，所以只要求中层以上干部在园迎接，我感受到了热情与感动同在，责任与期待并存，让我记住了这一刻。记得当时老园长联系我的时候，告诉我："大家知道是你要来我们幼儿园后，都无比期待，期待我们的男神，期待见到我们的新园长。"其实当时我听到这样的话语后，既开心又担心! 开心的是起码大家都期待着我，而担心则是见到后，可能会让大家失望，也就是希望越大失望就越大。我就是在这样胆战心惊中履任啦! 回想和大家相聚的 175 天里，我得到了大家的支持，得到了大家的厚爱，甚至是溺爱，可以说工作开展得非常顺利，得到各级领导的高度赞赏，也让我树立起继续前行的信心。所以在此，感恩你们。

接下来我将对需要感恩的对象逐一述说。

首先，感恩老园长。老园长在园长岗位任职 17 年，需要从管理岗位改非为一名普通教师，她的角色转变非常快，大家没在这个位置，不一定体会得到，在此，我提议给胡园长赞扬的掌声。让我更加欣慰的，虽已不是园长，但却是我坚强的后盾，虽不是单位的负责人，但依然克服各种身体的病魔默默支持我，是我这段时间顺利工作，茁壮成长的护航人，在此，衷心感谢您!

其次，感恩两位副园长。大家都说隔行如隔山，我是深有体会的。在这 175 天里，我得到两位副园长的真诚拥护，她们除了积极高效完成本职工作外，还时常提醒我、督促我，特别是在各类决策上，都能坦诚相对，和而不同，充分发挥着副园长角色的作用。在此，感谢你们!

再次，感恩各位中层干部。中层干部就是单位的中流砥柱，是各类政策、制度执行的职能部门。他们任劳任怨，在各自岗位上独当一面，助推着幼儿园迅速前行。如办公室李主任，勤勤恳恳、默默无闻地完成各类报表、系统上报、生活物品购置与派发等工作，累到头晕看医生不知多少次，忙到看电脑屏幕都是模糊的;保教处梁主任，每天都像机器人一样，除了睡觉，其余时间基本是用在幼儿园的教研和琐事上，得到同事和园外同行们、上级领导的高度肯定，忙到把自己老公的生日都忘记了，不知熬了多少个深夜;办公室陈副主任在各位保育员的鼎力协助下，不仅高效完成各项工作，还及时完成图书和教具的签领与收发，园内各种临时机械搭建与拆除等工作，让陈副主任忙到需要定期按摩方能支撑;王医生，每天都在为孩子们的健康做好监督与记录，特别是传染病防疫等工作，给孩子们的健康提供帮助和有力防范，累到颈椎和眼睛都发病;财务负责人，虽然没有具体的行政职务，但她一人担任着全面复杂而繁重的财务工作，有时累到眼睛睁不开，靠滴着眼药水才勉强持续做事 30 分钟，即使这样，她也是越来越在状态，越来越高效，也深深感动了我，在此为您点赞；还有其他行管人员，大家都慢慢进入角色，不断深入理会幼儿园的行政管理理念，付出辛勤的劳动，据说，李老师在家时，老婆想跟他商量事情，还得问一声："老公，我现在可以跟你讲话吗？"怕打扰到他，必须得申请！向办公室小李老师反映说："我忙到家公、家婆都不愿意跟我讲话了，就差开枪开炮啦！"真实感动，真实动人！在此，感谢你们！

接着，感恩每一位老师。各位班主任、各位副班教师、各位保育员、各位厨房及后勤工作人员，你们在本学期的努力和细心，合作与创新，用心与用情，你们的负责任换来了我们的平平安安，和和美美，彰显出我们 70 年校史历程中最为辉煌和可爱的园貌，正在擦亮着"幸福二幼"的名片，可以说，我们市二幼这颗璀璨的明珠，在大家的汗水和心血哺育下，正冉冉升起，越发光亮，相信在不久的将来，会是我们幼教届一颗耀眼的明星。有信心吗！在此，感谢你们！也祝福我们！

这段时间，我经常向相关领导和朋友分享，我们幼儿园教师的工作，有三个"全"，即"全天候、全身心、全技能"，"全天候"就是早上 7 点进幼儿园，晚上 7 点才回家。"全身心"说的是我们要比孩子的父母还用心和细心，正如有一次我巡班时，听到小二班班主任郭老师对一位小朋友说："××小朋友，今天表扬你，能在幼儿园拉粑粑啦！"连孩子拉粑粑的规律和困难都放在心上，可想而知，我们对孩子的成长比有些父母都细心和用心。正像我在保育员总结分享会上所说："我们不会忘记，每周卫生检查时大家忙碌的身影，不会忘记孩子如厕时你们母亲般的陪伴，不会忘记午睡时你们轻手盖被子的动作，不会忘记每一次给我们孩子添衣服梳头发的亲切，不会忘记元旦会演舞台搭建时你们男子气概般的坚强和毅力，不会忘记你们百灵鸟般清脆而可爱的声音。"所以，我深深感受到大家的可爱！可敬！大家对自身工作的精益求精，精诚合作。"全技能"指的是我们幼儿园老师，能从保育员开始，到副班教师，再到班主任，这样的成长后，基本是全能型教师，是中小学教师无法比拟的。提议大家给自己点赞！

感恩你们，感恩每一位幸运儿！因为我们的相聚，因为我们的惜缘，造就了崭新的幸福二幼，回顾我们的 175 天，相信好多幸福时光还历历在目，仿佛就在昨天。《幸福二幼》第一期的发布，13 套特色绘本的分享和推介，收获了郑老师课例《火车跑得快》的获奖；家长开放日，"走进童画、聆听童心"美术作品展；第七届歌唱节，"小乐园大世界"园本课程实践与展示；谢园长全国游戏优秀案例分享会；国庆节中秋节趣味活动等等，还有我们获得省级"双融双创"项目主体校，省级课题《科创和 STEM 教育研究与教学实践探索》立项，获批市级版画试点园，《广东省中小学教师校本研修示范培育学校》项目立项，省级校本研修基地成员园，以及广东省名师工作室申报等等，这些成绩都让我们回味无穷，值得铭记。这一切，汇聚了大家的心血，展现了大家的魄力，形成了一道道靓丽而令人感动的风景线，给我记忆中注入了不可磨灭的感情线。在此，我除了感谢，还要给大家深鞠躬啦！

千言万语道不尽，万水千山总是情。春种一粒粟，秋收万颗子。希望我们的情缘能开花结果，希望我们的同行能有始有终，更加希望我们的同在能喜笑颜开！

最后，真诚地说声："感恩有你，我心方定！"

——2021 年 1 月 10 日撰于市二幼园长办公室

创新研究出成果　携手共创幸福园

——市二幼 2020—2021 年度第一学期工作总结

创新是一个民族进步的灵魂，幸福是人生永恒的主题。在过去的一学期里，我们二幼全体教职工与孩子和家长，勠力进取，合作并进，以活动为基本形式，以共创为基本途径，奔着幸福二幼的目标携手前行，一路奔跑，取得较为显著的成效。现具体总结如下：

一、抓党建，构建"学习型党支部"

以党建促全园发展为核心，深入落实"两学一做"要求，"三会一课"制度，通过讲座、讨论、实操、竞赛、观看专题片、周会、升旗仪式、国旗下讲话、园内观摩、征文、走出去、请进来等形式，广泛开展意识形态教育、理想信念教育、爱国主义教育。本学期我园党支部观看了视频"致敬逆行者"，组织学习《我是党员我奉献》《年轻干部要提高解决实际问题能力——想干事能干事干成事》《中央经济工作会议——为何强调解决好种子问题》，每月 15 日开展"我光荣——我是中国共产党党员"打卡接龙活动，参加"学习强国"平台学习活动，撰写学习心得等，有效提高政治站位和觉悟，强化责任和担当，为幸福二幼筑牢思想政治堡垒。

二、实保教，打造"幸福二幼教育"

我园认真贯彻落实《幼儿园教育指导纲要（试行）》《幼儿园工作规程》《3~6 岁儿童学习与发展指南》《广东省幼儿园一日活动指引（试行）》，认真贯彻执行《托儿所幼儿园卫生保健工作规范》等卫生保健工作要求，落实我园各项卫生保健措施，建立健全各项制度，科学安排五大领域教学活动，精心实施科学保教，不断探索"小乐园大世界"园所文化建设和课程体系建设。

（一）卫生保健工作

牢固树立"健康第一，预防为主"的意识，采取一系列有效形式和措施，加强教职工常见病防控知识学习培训，为幼儿创造良好的生活环境，培养幼儿健康生活习惯，保障幼儿身心健康，高效执行卫生保健计划。如严格执行健康检查制度，把好入园体检关，抓好卫生防疫防病工作，加强幼儿膳食管理及卫生保健常规检查工作，定期进行健康教育宣传活动和防控知识、技能培训，每月进行幼儿体格发育及健康状况登记与上报工作，每月全园全面消杀一次等，有力保障幼儿健康，保持环境卫生合乎标准，助力幸福二幼健康和谐发展。

（二）保育教育

在谢园长的引领下，我园坚持走"课程特色化，特色课程化"的发展路线，不断践行"常规工作主题化，主题性工作成果化"的管理理念，夯实和拓展办园宗旨，促进"幸福二幼"品牌建设。如加强幼儿生活卫生习惯养成教育，举行"预防新冠我最棒""预防新冠小卫士""我能干、我健康、我快乐"主题自理能力比赛，开展"保育员岗位技能培训——规范消毒的活动""防疫有我，爱卫先行"保育员技能比赛，持续开展环保小卫士、文明小天使、自理能力竞赛、故事大王擂台赛、推普先进班、小小升旗手、我要上小学、童年童画、晨谈环节研修、"走进童画，聆听童心""我爱我的祖国——小小兵"升旗仪式、"小百灵歌唱节"等特色活动，开发"STEAM科创游戏""魔力猴脑力活动"智力课程，继续实施"小梵高"幼儿美术创意课程，实施"建构式"课程，深入探索主题文化"小乐园大世界"园本课程建设，举行13本特色绘本和《幸福二幼》月刊推介会，推行青年教师成长月实施方案，并举行隆重的启动仪式，开展主题为"立德树人，同心共筑乐园梦"职工趣味活动。

三、保安全，筑起"健康绿色屏障"

坚决贯彻落实"安全第一、预防为主、综合治理"的方针，扎实有效做好安全工作。我园把安全工作列入长期发展总体规划、年度计划、教育教学计划，园领导时刻保持清醒的头脑和高度警觉，在思想上始终把防范安全事故作为我园的中心工作、政治工作来抓，全园上下形成园长负总责，分管副园长具体抓，全园教职员工共同管的安全工作格局，力争把安全工作做到超前教育、超前预防、超前治理，及时排除安全隐患，把安全责任事故消灭在萌芽状态，做到全学期事故零报告。如扎实开展安全知识教育、隐患排查，利用国旗下的讲话对幼儿进行"一盔一带"交通安全知识、《消防安全标志》、"安全来园"安全知识教育，举办"交通安全我知道"等系列主题活动，加强安全、防疫、卫生等知识学习，举行厨房师傅刀功技巧竞赛，开展全园性安全疏散演练，严把食品安全关及各种物品消毒关，建立食品采购台账，建立健全"家长护园队"管理制度，拓宽家园沟通平台和渠道，共同筑起保护幼儿生命健康的绿色屏障。

四、立先锋，发挥"引领辐射效能"

"一花独放不是春，百花齐放春满园。"我园积极响应"湛江市城乡幼儿园帮扶行动计划"，2020年11月，谢园长组织团队，奔赴雷州市英利镇、龙门镇、杨家镇三个镇中心幼儿园开展指导示范活动。12月份，谢园长面向帮扶园、霞山姐妹园和霞山区教育局领导共175人，进行"全园优秀游戏活动案例分享交流会"两场，得到市教育局局长的高度重视，并亲临现场交流与指导，受到大家的一致好评和赞赏，有力提升了我园社会影响力。

五、提温度，共建"温暖和谐家园"

"尊老爱幼"，"一人有难八方支援"，都是我们中华优良传统美德。我园高度重视对职工生活的关怀工作，克服人手紧张、经费短缺的困难，每年均安排退休职工进行体检及妇检。党支部委员、工会委员经常利用休息时间和节假日，走访离退休教职工，走访慰问困难职工，热心帮助职工解决生活实际困难，慰问生病教职工及家庭变故教职工。教师节当天还进行"情暖中秋"水果拼盘活动，认真落实上级规定的各项政策待遇，使退休职工老有所养、老有所为、老有所乐，让他们感受到来自党的关怀和温暖。

创新征途漫漫，唯有艰苦奋斗！幸福二字沉沉，唯有砥砺前行！携手奋进，勇往直前，方可焕发绚丽光彩，铸就幸福二幼。

——2021年1月14日于湛江市第二幼儿园

工作程序的重要性

工作，特别是管理工作，程序的合法性非常重要。

今天，上午开了一个推荐年级组长会议，下午开了园务工作扩大会议，主要商议年终绩效工资发放工作，还商议了零零碎碎的几件事。

这些工作，有些真的就是一种程序，并且不开还就不行。所以，程序在我看来，非常重要。

基于以上的观点，我谈谈程序在管理工作中的作用。

一、程序就是一种民主

民主集中制既是党的根本组织原则，也是群众路线在党的生活中的运用。这一制度，其实体现的就是一种民主，一种策略和方案的知晓和参与。工作中的程序，有些看似不重要，但通过走程序，在参与者心中就不一样，自然而然体验到民主制度带给他的存在感，带给他的获得感，这明显有助于我们的制度执行，有助于我们的战略平稳致远。

二、程序就是一种保障

在工作中，有些程序可能比较复杂，但，这其实就是一种自我保护措施。这一过程，我们都会听到很多不同意见，有时就是因为这些意见，点醒了我们沉睡已久的觉悟，有助于我们顺利处理工作中遇到的瓶颈，并且通过这一过程，我们还可以不断了解大家的性格并测试同伴的能力、眼界与心地，一举多得。当然，这一过程牵扯到一个胸怀和执政理念的问题。只要你心中想的是工作，想的是纪律，就会欣然接受每一个复杂而合理的程序，这也有助于我们的工作顺利完成，不然，最终到报账时才明白搞不定，到审计时才发现不合程序，这时已经晚矣！给自己造成的将是不可挽回的麻烦。在我看来，任何的麻烦能在事情发生前或发生过程中处理妥当，均为上上之策。

三、程序就是一种制度

制度管人是最好的利器。制度是一个单位的准绳、灵魂、文化，是一个单位能健康成长的阀门。通俗点，就是一种方向，一个助推器。一项制度的形成，是一个单位发展历程的产物，它的存在和使用，都是源于单位的发展需要，反过来也是高效服务单位发展的利器。我们经常说，没有规矩不成方圆，就是这么一个理儿。

总之，身为执政者，对于程序，我们必须遵循，来不得半点马虎和蔑视，不然，到受害的永远是我们自己和我们的集体。

希望我们都做一位遵纪守法的公民，程序合法的行政管理者。

——2021 年 2 月 18 日撰于家中

园长主要工作之我见

园长，是一所幼儿园的主心骨，领头羊，掌舵人，引领着一所幼儿园的发展方向，同时也决定了幼儿园发展的宽度、厚度和深度。

园长的角色这么重要，那他平时的主要工作是什么呢？这点大家肯定是仁者见仁智者见智，一百个人就有一百种答案。但通过我半年多的经历，慢慢也有了自己的答案，下面听我娓娓道来。

首先，思想教育。人是管理者的第一资源，没有人，一步都迈不出去。孩子是我们的教育资源，是我们的教育对象，是我们祖国的未来和希望，也是我们获得幸福感、获得感的源泉。所以在幼儿园教育中，我们时刻提醒自己，儿童才是我们的工作中心，我们也经常要反思我们的工作环境和日常活动，儿童在哪儿？

教师就更不用说了。他们是我们管理者服务的对象，需要不断考虑和装饰的对象。因为他们是我们教学一线的工作者，是直接面对孩子的教育者，是我们伴育目标的践行者。他们的思想变化和高度，决定了我们管理的高度和深度。所以说，我更加重视教师队伍的思想建设，因为把教师积极性调动起来后，启动了内驱动力，我们管理者就算成功啦，不然，你的设想和规划，永远是空中楼阁，镜中花，一朵飘浮不定的云而已。

其次，发展谋略。作为园长，我们就是单位发展的主心骨、司令员，任何方向的制定和执行，都需要我们的智慧，所以发展谋略也是我们这一角色的重中之重。如果你的谋略深远，可执行性强，又富有时代性，前瞻性，自然助推幼儿园健康卓越前行，而你缺少谋略，不受欢迎和认可，那就会非常被动，将会在很大程度上阻碍单位的发展，这也许就是传说中的"误人子弟"。

再次，做事做人。做事的过程就是做人的过程。我比较相信个人魅力的影响力，也相信任何个人形象都是通过一件件小事情彰显出来的。有些领导没有把做事和做人统一起来，甚至有意识地分开，造成很不好的后果时还不知道原来问题就出在处理某件事的细节和初衷上，而是一直处在质疑别人的看法中，造成自己举棋不定，怀疑人生，这是非常不可取的，因为这样做人都会把你带向失败的那一端。

以上三点，是我现阶段的感悟，可能不全面，但也许可以为你开展工作提供有力参考。这三点没有轻重之分，每一点都重要，都要重视，不然就会形成不完美的结局。当然，这也是辩证统一，螺旋上升的，因为做好团队思想教育工作，就会形成一个比较团结的团队，这一团队在你的谋略上表现出强劲的执行力，而这样的效果，就能把事情做到近乎完美，自然而然能让你的领导力得以表现和彰显出来，这样的逻辑和统一，在一定量变的基础上，就会成就你心中伟大的事业。

且行且思，且思且长！

依靠学习，走向未来！

——2021 年 2 月 23 日撰于家中

花的绽放需要培育

——2021 年 3 月 4 日幼小衔接主题讲话

每一朵鲜花的绽放，都是护花使者汗水的结晶；每一名儿童的成长，都是我们幼教人"三全品质"浇灌的硕果。

在迎来大班毕业季里，我们在这举行市二幼主题为"聚焦幼小衔接　共筑育人梦想"专题研讨会，为我们区域幼小衔接工作献言献策，风雨兼程，逐梦前行。下面我谈三点想法：

第一，感谢。我代表园所领导和全体教职工，对莅临我园指导的兄弟小学各位年级学科教研专家，以及姐妹园教研骨干教师们表示衷心的感谢！今天的活动是我园开展幼小衔接系列活动的第一场，以后还会继续。

第二，共进。希望大家谨记，教研永远在路上。这一路，需要我们携手并进，需要相互了解，需要相互迁就，需要我们各显神通，更警醒我们"不能只低头拉车，更要抬头看路。"努力实现"交流共进齐成长"，绝非"独自一人走天涯"。

第三，坚守。游戏是幼儿园的基本活动。这一点需要大家坚守，需要大家创新，需要大家与时俱进。在实践中，提议大家经常问问自己："儿童在哪里？"务必落实儿童为本位的活动理念。也要经常提醒自己：坚决杜绝儿童没有上学就厌学的现象！

西方有句谚语："罗马不是一天建成的。"我国著名教育家叶圣陶也说过："教育是农业，不是工业。"所以，只要我们潜下心来，守护萌芽，一定能静待花开，尽情享受唐代诗人孟郊在《登科后》一诗中的千古名句："春风得意马蹄疾，一日看尽长安花。"

我的讲话完毕！谢谢大家！

——2021 年 3 月 3 日撰于家中

大家好才是真的好

一枝独秀不是春，百花齐放春满园。一个地区的教研氛围，需要引领者，需要开荒牛、孺子牛和老黄牛的人物，所以教育家型的校长，是时代的呼应，是时代的产物，也是新时代的引擎需求。

那作为教育家型的园长，该如何引领？从哪方面引领？值得我们不断探索和实践。基于个人成长和工作的实际，现谈谈自己的看法：

一、思想教育，党建引领前行

在我看来，如果把一个人比喻成一棵树，那思想就是树根，行动就是树干，成效就是树叶和花朵。也就是说，要想一棵树能枝繁叶茂，开花结果，树根起着决定性作用。可见思想教育的重要性！

德为人的立身之本。在这方面，作为教育家型园长的角色，必须牢固树立全员意识，大局意识，前瞻意识，危机意识，不能疏忽，更不能放松，让自己身边的每个人都能切实以"三牛"精神为社会服务，为教育事业做出贡献。

二、实践研究，探索助力形成

课题引领，助力研究能力提升。课题是研究活动的引擎，是集体研究活动的助推器，是大家研究的主心骨，否则一切都只是口号，没有落脚点和归属地，容易产生职业倦怠，不利于工作，更别说高度了。作为教育家型园长，我们务必要基于区域氛围，成员能力，实际财力，融合各项资源后，给予各群体相应的支持和指导，通过课题的选题、立项，到具体研究计划的制订与实施，再到成果提炼与推广，结题和成果申报，系列过程后，自然就会形成比较立体和全面的研究世界观，大局意识，统筹意识，助力综合能力有效提升。

特色建设，深化思想主张形成。如果说基础教育管理是根本的话，那特色建设就是装修工程，可以让我们更具吸引力，更具活力，更具底蕴。一所幼儿园的建设，大家都能常规管理，但缺少了特色建设，就没有亮点，没有生命力，没有推介点，失去了社会竞争力，也失去了自身奋斗的动力。这一点，我是深刻意识到的，所以一调任幼儿园后，我就提出了幼儿园的主题文化建设"小乐园大世界"，并确定了"蓝色湛江""特色广东""红色中国""彩色世界"四大版块，按照实施方案，开展了丰富多彩的园本课程教研活动，探索切合主题的园本主题环境设计，截至目前，共推出 14 套园所文化建设主题特色绘本，开展了专题课程研究 50 多节，形成了比较成熟的研究和夯实路径，预计 3 年后，我将编写这一特色建设的第一本著作《特色园所文化建设的探索与实践——以湛江市第二幼儿园"小乐园大世界"为例》。

三、显性凸显，力求成人之美

在我看来，领导角色，要努力做到"成人达己，成己为人"。换句话说就是努力做到成人之美，让每个人都能有获得感，都能全身心地、幸福地工作。这一点除了即时性的工作外，我认为更多的是搭建平台，为"想做事、能做事、做成事"的每一位职工搭建展现才华和教育情怀的平台。我任职一段时间后，提出了"常规工作主题化，主题性工作成果化"的管理工作理念，根据办园宗旨推出《幸福二幼》月刊，主要分为"幼儿开心""家长安心""领导放心""教师倾心"四大版块，每月都把在幼儿园中发生的事情，科学而有高度地编入册子，实现让工作留痕，让情怀留印，呈现出一派蒸蒸日上的景象。这一块，我计划在 4 年后，推出专著《成果化管理的实践与探索》，为幼儿园留下宝贵资料的同时，丰实园所文化底蕴建设。

四、使命担当，引擎时代前行

自我革命，思想永长青。"依靠学习，走向未来。"强调了学习的重要性。恩格斯提出："理论是灰色的，而生命之树常青。"强调了生命与实践的重要性。世界著名作家、思想家斯宾塞·约翰逊曾经说过："唯一不变的是变化本身。"我们每个人都是社会的一个个体，是实践工作的参与者，在这日新月异的世界里，唯有学习和潜心教研，方能适应世界的变化和时代的变革。"山中方七日，世上已千年。"这不是一句空话，是在警醒我们，抓住每一次学习的机会，让自己不断改变，自我革新，永葆青春、思想长青。这一方面，我是非常有危机感的，所以坚持撰写生活日记（教学后记）四年多，积累下 150 多万字的生活感悟和工作心得，利用这一机会，每天都让自己进行思想的反思，理论的提升，永葆个人青春魅力。

温度管理，增强存在感。渴望得到尊重，是马斯洛需求理论中的第四层次，可见是每个人都追求的领域。而温度管理的理念，是满足这一需要的最好策略之一。由于我们的关心和用心，由于我们心中存有他人，所以经常嘘寒问暖，组织丰富多彩的感恩活动，布置可操作性的合作项目，让大家有机会交流，有机会彰显技能和特长，增强自身存在感和位置感。这一点，我以"你的温度我能感受"为主题，进行了职工感恩活动；以教师团队合作建设为目标，基本在每个节日都举行相应的小组活动；以"我能行我先进"为平台，让大家大胆亮出自身本领……用活动亮本色，在参与中增强存在感。基于以上研究项目，我计划利用 3 年的实践，完成著作《用温度管理提升工作效率的策略研究》的编写工作。

交流共享，追梦新时代。交流和分享是获得他人信任和支持的最佳法宝。这一点，基于多年市级名教师工作室的工作习惯，本人非常喜欢和他人交流自己的教育主张，分享自己的研究成果，目前面对教师群体开展专题 7 场，送课下乡 9 次，发表教育教学论文 12 篇，出版发行专著 2 部，主编或参与编写特色校（园）本课程（绘本）27 套，按个人专业规划，近 5 年，我将继续研究和实践，将完成 7 本著作的编写工作，踏着新时代的步伐，在追梦路上继续奔跑。

一个人跑得快，一群人走得远。

大家好才是真的好！

这一"好"，绝不是一个人好，而是一群人好，整个区域好。这需要引领者，需要合作者，更加需要教育家型的人才。我将以此为目标和人生高度，挽手前行，努力奋进，在祖国教育发展蓝图中留下自己的足迹。

——2021 年 3 月 5 日撰于市二幼园长办公室

立足园本建设　擦亮特色名片

　　根据"十四五"规划和2035年远景目标中提出的"激发人才创新活力"给我们定下了方向：人才培养才是我们教育的制高点。然而，第二个问题又来了，那就是如何培养的问题。

　　这一点，肯定是仁者见仁，智者见智，众说纷纭，但基于本人工作性质和对象，个人认为我们的教育需要个性教育，需要创新教育，如何实施与实现？特色建设就是最好的方式之一。下面谈谈几点见解：

一、创新需要特色引擎

　　人才是第一生产力。人才的高水平源于创新，而创新则源于我们日常特色课程的开发与实施。如果教师只局限于常规教材，不敢越雷池半步，那孩子们就会按部就班，唯书是从，慢慢就缺失了个性和创造力，这是非常可悲和可怕的。而利用特色园本建设为引擎，把教师的理念革新了，思维激发了，孩子们的智力就跟着提升，特别是这样的环境下，孩子们放得开，没有了过多的条条框框，没有了墨守成规的参照物，自然就形成独一无二的个体，产生了更多新想法、新策略，有助力特色优化提升，增强活动亮点，成为特色建设的一张名片。

二、前行需要特色助力

　　一个单位，如果一直都在墨守成规，走着前辈一直走的路，也许比较安全舒适，但却缺少动力、干劲，特别是年轻人的能力和魄力将会受到限制，久而久之就会形成倦怠和保守的工作状态，这又是一种非常可悲和可怕的事。而加入特色建设后，我们的新颖设想吸引了他们，我们的不确定性调动了他们的探索欲望，我们的成效征服了他们，同时给年轻人带来更多的自信和获得感，从而形成一股绳，扭不断扯不折，坚如磐石的毅力助力他们勇往直前。

三、成效需要特色装点

　　我们在日复一日的汇报工作中经常感觉很乏味，没有任何期待感，总觉得是在应付了事，做好被批评或整改的准备。什么原因？主要是我们没有亮点，缺少特色建设，失去了期待感和追求感。反之，我们在擦亮特色品牌的同时，就是给我们增强自信的筹码，提升整体建设高度，也调动了自身期待值和成就感，自然就会形成一种良性循环，在装点的同时，也会带动其他方面的发展。

　　以上是我的设想，将会在实施中不断地完善和调整，为实现教育家型的园长而不懈奋斗。

——2021年3年5日撰于市二幼园长办公室

深度互信　相向而行

——2021年4月9日大班幼小衔接主题讲话

下面结合幼儿园的具体情况和幼儿的教育，交流以下两部分心得。

一、幼儿教育认识

幼儿教育，是一项系统工程，现谈谈几点认识：

1. 陶行知："教育是农业，而不是工业。"我想这句话有两层意思，一是教育就像农业一样需要一个缓慢的生长过程，需要很长的一段周期，而不能像工业产品那样迅速出炉。二是孩子的成长不是一个工业产品的加工过程，批量生产，整齐划一，而必须像对待农作物一样，不同的作物有不同的种植方法。我认为这句话说出了教育的真谛！我想只有把教育当作农业，我们才能把每一个孩子当作每一粒还没有发芽的种子，家长和我们每一位教育工作者需要做的，就是让这颗种子慢慢发芽、渐渐长高、静静开花，悄悄结果……这一过程，需要我们彼此信任，守望期待。

2. 正确认识观：不能把"幼儿教育"当成"幼儿园的教育"。幼儿园是幼儿成长历程中比较重要的沃土，这不可否认。但我想大家都深知，幼儿的第一位老师就是我们各位亲爱的家长，你们的一举一动，你们的培养理念，直接影响了孩子0至3岁的成长，重要性就不言而喻啦！加上现如今的社会环境，形成了较为平衡的三角关系，即幼儿教育不是幼儿园的教育，而是家长、幼儿园和社会的教育。

3. 正确课程观：游戏是幼儿园的基本活动。《幼儿园教育指导纲要（试行）》中明确提出："游戏是幼儿园的基本活动。"并且还颁发了《3~6岁儿童学习与发展指南》，对每个年龄段的孩子，需要达成的目标都有着一定的方向，我们幼儿园坚决执行，并不断形成我们二幼的园本课程体系。在此，我想说，我们不是不教知识，而是把知识转为活动的形式，以生活情景为载体，让孩子学习且习得。不是不教孩子书写，而是通过编织游戏、画画、各类建构游戏的操作，锻炼他们的手指肌肉力量，提升孩子们前书写的能力，让他们为正确书写打下坚实的基础。

4. 坚决杜绝：儿童还没"上学"就"厌学"。这一点相信是我和各位家长最不愿意看到的现象。但我们却毫无意识地践行着，非常危险。给大家看两幅作业本的对比图片，一份是正在就读六年级的A学生的作业本，一份是B学生的作业本。A学生在读幼儿园时，从小班就开始要求写字，由于当时他的手指骨头发育尚未成熟，撑不住笔，同时要求写的作业较多，加上他的父母都是做生意的，早出晚归没空理会孩子，久而久之，就形成了这样的写字习惯，据我所知，期间还送去书法班学了好几年，依然是这样的效果，这是多么恐怖的一件事情。所以大家一定要理性看待幼儿的书写。别认为现在在你的强制下，自己孩子比其他小孩多学了几个字，写多了几篇作业，就暗自高兴，殊不知，由于你的急功近利，把孩子害惨啦！这样的做法，让孩子错误地认为，一切知识和本领都是通过不断地重复去学得的，忽视了智力的开发和能力的锻炼。大家好好想想，这样做的后果，是多么严重。

幼儿园不能进行书写和拼音教学，是教育部这么多专家学者，经过多次研究和实践后下发的文件，是有一定的权威和普遍性的。还有，我们的幼小衔接工作，不是在大班才进行，其实从进入幼儿园开始，我们就一直在进行。所以，请大家放心！

二、幼儿教育思考

针对这样的专题，下面与大家共勉几点个人感悟和思考，仅供参考和借鉴。

1. 伴随孩子一起成长。陪伴，爸爸妈妈都有责任，但我建议还是要有主次之分，这样就比较系统和集中。这个时候，你的陪伴就是一种爱，一缕阳光，一次学习成长，更重要的是一次沟通，让孩子感受到最亲最爱的人的力量和鼓励，比什么都重要，特别是在心理安全方面。到大班这个时候，以我的经验，孩子是可以接触真正的写字，但必须有家长的陪伴，从简单到复杂，不求多，只求他愿意写，正确写即可。如果没有陪伴和监督，请家长千万别安排，因为这个时候的错误，到一年级是很难改变的。在此，我再次说明，我们现在也在慢慢带孩子书写，但于孩子比较多，教师顾不过来，所以有可能还会出现笔顺错误，笔画错误，甚至是一种描画的形式，希望我们的家长给予耐心观察和引导，弥补集体教学的漏洞。真心希望孩子们的成长有家长的陪伴！不要嘴上答应转身却把孩子丢一边，出现问题了就开始心急，越心急越没效果。虽然我现在讲不出很高深的道理，但相信大家都明白拔苗助长的不科学，"兴趣是最好的老师"的道理。

2. 观察研究孩子变化。孩子的成长，是不确定的，除了需要我们的陪伴以外，更需要我们观察、研究，并给予足够的支持。这一点，我们可以说是无时无刻的，因为这个时候，就是习惯养成的最佳时期。举例说明，我的女儿，由于小的时候，没有及时就医造成舌根较短，说话非常不清晰，经常说好几遍对方都听不明白，所以慢慢出现不愿意开口，害怕跟别人分享，甚至遇到陌生人就躲在我们的身后。我跟她妈妈见到这一现象后，非常后悔，但留着不理也不是个事，毕竟孩子还这么小。当时就有两种方案，一种等到大班的时候住院动手术，另一种就是加强专项训练，应该可以改善，最后我们选择了第二种方案，经过长达 6 年的主持人培训班的跟踪训练和鼓励，现在大大改善，普通话非常顺畅，是班级中积极发言的学生之一。试想，如果你不善于观察，不去研究策略，也许这个小孩就会在大家的批评声中埋没，一辈子生活在不自信当中。

3. 留下孩子成长足迹。留下孩子成长的足迹很重要。这一点，我分享我的做法。当时我女儿读大班，跟大家一样，非常着急，又不能随便教她写字，所以采取了一种写日记的形式。每天一句话，十个字左右，比如："今天，我很开心！""今天老师表扬了我！""我今天上体育课！"等等，孩子不会写的字，我们就握着她的手一笔一画地写，简单点的字，解释清楚后，看着她来写，就这样，从一句，到两句、三句，写到一年级第二学期，两年下来，竟然留下了近一万字的日记，我请广告公司设计出来，就形成一本这样的日记本，给她的成长留下足迹。

孩子是你们的，也是我们的，孩子们的成长牵动着我们彼此的心，希望我们继续加强沟通、深度互信，相向而行，为孩子能顺利过渡到小学学习生活而努力，为孩子们能在小学阶段茁壮成长搭建广阔平台而同心合作，携手前行。

以上是我的思考和交流，仅此共勉，如有不妥，期待我们进行更进一步的交流和探讨。谢谢大家！

——2021 年 4 月 9 日撰于家中

特建虽难　共建必成

——2021 年 5 月 6 日特色绘本推介会（二）主题讲话

研究界一直盛行一句这样的话："人无我有，人有我优，人优我特。"这足以证明，特色建设的重要性。

有的人把特色理解为创新，理解为标新立异，甚至理解为奇特。这是不全面的，站不住脚的。我们的任何创新，都源于传承，基于发展，在原有的基础上，追求发展，追求卓越。正所谓"不忘来时路，开拓新征程。"

经过 9 个月的艰苦奋战，我们二幼确定下了"小乐园大世界"园所文化建设主题，分为"蓝色湛江""特色广东""红色中国""彩色世界"四个版块，正在从环境建设、课程体系、绘本阅读、活动开展等方面进行夯实和拓展，收获了些许成效，看到了希望的曙光，因为我们的环境建设正一步一步走向深入，我们的课程体系建设正不断融入一日生活和日常教育活动之中，我们的绘本设计正不断丰实，并赢得孩子们的喜爱。这些，也许大家已习以为常，司空见惯，因为它已经在潜移默化中成为我们工作的一部分，成为大家的常规思考领域，可以说已经融入我们每个人的精神世界和血液中。回想 9 个月点点滴滴，也许你会惊奇地发现，原来我们来到了崭新的幸福二幼世界。下面我逐一帮大家回忆回忆：

一、环境建设

几个月的时间，我们整个园所环境发生了天翻地覆的变化。曾经科幻式图案的大门口，现已变成快乐童趣的小乐园场景；曾经破破烂烂，且经常渗水的走廊隔板，现在是主题鲜明的主题文化宣传版；曾经大家用双手糊上的胶墙裙，现在是白白净净的生态木墙裙；曾经的老旧石粒、瓷砖地板，现在是焕然一新的地胶地板；曾经比较童趣的活动室大门，现在变成了明亮大方的西式大门；曾经锈点斑斑的钢铁防护网，现在是整齐划一的铝合金防护网；曾经破旧不堪的器械杂物间，现在变为欧式风格的文化门；曾经模糊不清的投影设备，现在变成了高清明亮的 LED 电子屏；曾经比较陈旧的音体室走廊，现如今变成了温馨典雅的艺术长廊；曾经粘粘贴贴的班级主题墙，现在变为落落大方的主题墙；曾经原生态风格的楼梯装饰，现在变成了欧式风格的主题建设和办园宗旨宣传栏；曾经随意挂挂的孩子作品展示袋，现在变成多功能式的乐高墙；曾经是老旧落后的小型玩具，现在变成了时代性的大型户外玩具。以上的点点滴滴，也许大家已经习惯，但一回想，也许就会发现，我们来到了一个崭新的"小乐园"。

二、课程体系

余秋雨先生曾经对文化是这样定论的："文化，是一种成为习惯的精神价值和生活方式。它的最终成果，是集体人格。"在我看来，任何文化建设、精神价值和生活方式，都必须落脚课程体系建设。因为课程才是儿童学习成长的媒介和载体，课程建设才是我们每一位教师成长的摇篮。经过两个学期的探究，我们慢慢找寻到些许园本课程探究的门道，也正在不断班本化、个性化，形成了自己的理解和课程建构思路，相信大家继续加油，预计在第五轮课程展示时，将会是不一样的感受和思想高度。

三、绘本设计

任何一种特色建设，都需要 2~5 样辅助程序。目前，我们正在进行的绘本设计和主题画展就是其中的两种，未来还要把我们现在的"故事大王"主题化。这除了丰富我们的文化主题建设外，更多的就是让我们的教师，不断从感性到理性的飞跃，从理论到实践的跨越。也就是说，通过我们的主题探究，让大家熟悉研究办法和手段，掌握成果提炼的技巧，享受来自研究所带来的获得感和幸福感。向大家汇报一下，我们的特色绘本，第一期推出 12 本，第二期推出 15 本，共计 27 本，这是什么样的一个概念？持续下去，不用 3 年，就达到 100 本，儿童在我们幼儿园学习生活 3 年，在我们的日常引领下，阅读园本特色绘本就 100 余本，是怎样的阅读量？正如唐江澎校长所说："孩子在幼儿园多读几本书，远比多写几个字重要。"再说，"让阅读成为我们的一种生活方式"是确立"世界读书日"的初衷。

四、活动开展

"特色课程化，课程活动化"是我一直推行的课程建设思路。精神价值看不见，集体人格更是摸不着，如何不断形成？需要的就是组织和参与各种各样的活动，达到让大家在活动中彰显魅力，形成人格。如我们每个重大节日的团建活动，我们每一次主题教育的研讨活动，每一次方案制订与实施的讨论活动，以及各种各样的交流汇报活动，都是我们特色建设的子活动，是我们特色建设不可缺少的途径和主要方式。希望大家给予理解和高度重视，因为这些都是我发现人才，识人看人的平台，也是助力我不断开拓特色课程建设思路的重要参考元素之一。

教研一直在路上，特色建设更加是一直在路上。在这一路的寻觅与奔跑中，不免会出现迷茫不定，不免会遇到惊涛骇浪，不免会发生撞击受伤，希望大家理解，希望大家坚定信心，因为只要我们荣辱与共，我们的特色建设定会是"山重水复疑无路，柳暗花明又一村。""大音希声扫阴翳，拨开云雾见青天。"

"劳动创造幸福，实干成就伟业。"是的，唯有劳动，方能创造幸福，唯有实干，才能成就我们幸福二幼的远大梦想。

伙伴们，让我们挽起手来，共建属于我们的幸福二幼，不断践行和诠释我们提出的"幸福教育"主张。

我的讲话完毕，谢谢大家！

——2021 年 5 月 5 日撰于家中

行动化在管理中的运用

我们经常说："行动就是成功的一半。""任何设想，没有付诸行动，它也就永远只是一种想法而已。"

这段时间，我正在酝酿伴育目标行动化的研究与思考，同时也做出了具体的实施方案，正准备明天连同教师成长月活动的预备会一起进行解读和布置。

我们每所学校或幼儿园，经常提出自己的培养目标，这一点，我们幼儿园提出的是伴育目标。主要是因为我认为，儿童的教育，本来就不光是幼儿园的事，还应该是家长、家庭、社会的事，并且是大家一起的工作，所以用伴育，陪伴教育，互促成长。

而有很多学校的培养目标，也只是一种口号而已，几十个字镶嵌在墙上，根本都没有在日常行动中体现和夯实，就不能在日常课程中加以提升和深化，培养目标要从纵向横向、深度广度进行拓展，有效融入每个人的血液和教育行动中。

这一点，在我不断地琢磨下，准备利用 3 年的时间，基于《3~6 岁儿童学习与发展指南》的精神框架，遵循"一日生活皆课程"的理念，准备引领全体教职工，围绕现在提出的伴育目标"开心生活、强身健体、习惯养成、智慧能干、责任担当"，开展诸多小课题研究，在一定的时间内完成我园的第七本著作《伴育目标行动化研究与思考——湛江市第二幼儿园伴育目标实践探索案例》。这将是我们"常规工作主题化、主题性工作成果化"的再一次体现，将会是《幼儿园教育指导纲要（试行）》中提出的"一日生活皆课程"的具体呈现，让大家能从实践活动中，慢慢转向理论和实践的融合研究，从"自上而下"的学习和工作方式，转向"自下而上"的研究态度，形成强有力的内驱动力，到时，一切就会是"我要做"的局面，对于任何工作都会是水到渠成，蝴蝶自来。

就我本人而言，"择高而立、贴地而行、落地开花"，将永远是我管理工作中的基调和方向。希望一切都能实施，都能开花结果。但需要伙伴们的鼎力相助和众志成城。

——2021 年 6 月 3 日撰于家中

赓续精神葆本色　力谱二幼新篇章

——湛江市第二幼儿园 2020—2021 学年度第二学期工作总结

在上级党政部门的正确领导下，我们二幼全体教职工、家长和孩子，勠力进取，合作并进，以活动为基本形式，以共创为基本途径，奔着幸福二幼的目标携手前行，一路奔跑，取得了较为显著的成效。现具体总结如下：

一、丰富党建形式，构建"学习型党支部"

我园以党建为核心，把开展党史学习教育作为"党组织""三会一课"和"主题党日"等组织生活的重要内容，通过讲座、讨论、实操、竞赛、观看专题片、周会、升旗仪式、国旗下讲话、园内观摩、征文、等多种形式，广泛开展意识形态、理想信念、师德师风、四史学习等教育。如以"上党课"形式开展主题活动，扩大党组织影响力；按时开展民主生活会和组织生活会，发挥党员带动作用；举办"党史"专题学习，营造浓厚学习氛围；"学党史，悟思想"开展党史进校园系列活动；慰问退休党员，关怀基层老党员；开展扶贫济困活动，助力乡村发展；开展"庆祝中国共产党成立 100 周年"系列学习活动；每月 15 日开展"我光荣——我是中国共产党党员"打卡接龙活动；参加"学习强国"平台学习活动，撰写学习心得等，有效提高政治站位和觉悟，强化责任和担当，为幸福二幼筑牢思想政治堡垒。

二、夯实保教工作，打造"幸福二幼教育"

（一）卫生保健

牢固树立"健康第一，预防为主"的意识，通过学习、培训、宣传、考核等方式对全园教职工进行新冠肺炎防控知识及消毒知识培训，做好园内环境卫生保洁工作，做好消杀除四害等各项工作，为集体幼儿创造良好的生活环境，预防控制传染病，降低常见病的发病率，培养幼儿良好健康的生活习惯，有力保障幼儿的身心健康。如孩子 100% 进行健康检查；开展第 4 次防控新冠肺炎疫情应急演练；做好每期健康教育宣传专栏；做好春季传染病及卫生消毒知识培训；做好食品安全管理及卫生消毒知识培训；加强幼儿营养膳食管理，科学制订食谱，保证膳食营养均衡；做好各项卫生保健工作信息的收集、汇总，一旦发生突发事件、发现师生有传染病相关情况，及时核实、迅速上报、果断处置。

（二）教育教学

1. 强业务，促教研。坚持走"课程特色化，特色课程化"的发展思路，践行"常规工作主题化，主题性工作成果化"的管理理念，推行"幸福教育"主张，探索实施"小乐园大世界"园所文化建设和园本课程体系建设，成绩斐然。本学期开展 10 次教研活动，4 次园本培训，外出跟岗学习 6 次。以"蓝色湛江""特色广东""红色中国""彩色世界"为主题，开展园本课程研究教学活动观摩。以孩子的视角，积极开展"小文化角，大世界观"的环境建设；第二届特色绘本推介了《幸福二幼》6~9 期特刊，以及园本特色绘本 15 套；7 月启动了伴育目标园本课题研究。

2. 强技能，乐成长。各班级进行自理能力大比拼、幼小衔接、社会生活实践和安全系列主题教育及演练，开展庆祝七一建党百年系列主题教育，结合教师成长月计划，举行"市二幼青年教师教学能力大赛"，并参加"湛江市首届美育教师教学基本功比赛"。

3. 共育儿，伴成长。我园结合重大节日和家园共育需求，开展"家长进课堂""家长开放日及亲子游园""庆六一亲子科技节"活动，举行"培育好家风，传承好家训"家庭教育讲座，促进了家园和谐发展。

4. 勤耕耘，结硕果。我园全体师幼辛勤耕耘，锐意合作，硕果累累。如参加"2021 年童年童画·国际幼儿创意绘画大赛"的 184 幅作品，其中获得特金奖 13 幅、金奖 76 幅、银奖 85 幅、铜奖 10 幅，同时 10 位教师荣获指导教师奖，幼儿园获评教育成果一等奖；陈老师荣获"2020 年湛江市教育系统师德主题征文活动"幼儿园组三等奖；符老师、谢宏卫园长撰写的《"飓风号"趴趴车》安吉游戏案例刊登在《光明教育家》网络 APP 上，阅读量突破 1.8 万次；我园入选广东省中小学教师校本研修师范学校；梁主任获批新一轮湛江市名师工作室主持人。

三、守护师幼安全，筑牢"健康绿色屏障"

我园把安全工作列入幼儿园的长期发展总体规划、年度计划、教育教学计划，幼儿园领导时刻保持清醒的头脑和高度警觉，在思想上始终把防范安全事故作为幼儿园的中心工作、政治工作来抓，全园上下形成了园长负总责，分管副园长具体抓，全园教职员工共同管的安全工作格局，把安全责任事故消灭在萌芽状态，做到全学期事故零报告。根据霞山区《全区安全生产大排查隐患大整治专项行动方案》要求，扎实开展安全知识教育、隐患排查，利用多种形式对幼儿进行防溺水安全教育、"一盔一带"交通安全出行、居家防火防触电、严防台风暴雨等系列主题活动，严防校园疫情、卫生等知识学习，开展全园性的安全疏散演练，严格把好食品安全关及各种物品消毒关，建立食品采购台账，建立健全"家长护园队"管理制度，拓宽家园沟通平台和渠道，共同筑起保护幼儿生命健康的绿色屏障。

四、争当时代先锋，发挥"引领辐射效能"

"一花独放不是春，百花齐放春满园"。我园积极响应《湛江市城乡幼儿园帮扶行动计划》，分别到雷州市英利镇、龙门镇、杨家镇的中心幼儿园开展农村学前教育指导示范活动，得到帮扶的幼儿园的认可和社会高度赞誉。

五、提升管理温度，共建"温暖和谐家园"

我园每年均安排退休职工进行体检及妇检，切实做好"送温暖"活动，对生病住院、生小孩的教职工，园领导和工会委员及时前往探望关怀，同时做好重大节日和纪念日活动的师幼慰问工作，让管理有温度，让家园更温暖。

回望过往的奋斗路，眺望前方的奋进路，我们二幼将继续争当时代奋进者，改革创新者，责任担当者，深入贯彻新发展理念，全力构建新发展格局，赓续奋斗史，追梦新时代，力谱幸福二幼的新篇章。

——2021 年 7 月 2 日撰于家中

第二部分　幸福教育　思想先导

　　有人曾说世界上有两件事最难，其中一件就是把自己的思想装进别人的脑袋里。可见，进行思想教育工作是最难的工作之一。但作为一园之长，面对琐碎的事情，我不能逃避，不言放弃，只能直面问题，综合自身的情商和智商，整合园内现有资源，借力前人的经验和自身敏锐力，争取一切的不可能，让我们的团队更加和谐和睿智，让我们的团队更加高效完成"立德树人"的根本任务。

做好迎接艰难的准备

　　由于单位工作的需要，通过前期的调研和沟通，决定给各部门配备一位助手，所以早上召开了一次行政会，进行交接和相关事宜的强调。在相关工作结束后，我做了主题为"做好迎接艰难的准备"专题讲话，具体如下：

一、不经历风雨怎能见彩虹

　　"不经一番彻骨寒，怎得梅花扑鼻香。"我们要做好迎接困难的准备，办法永远比困难多，大家要主动克服困难，迎接挑战，做一名坚强的中层干部，只有经历过困难，克服了困难，才会得到成长。

二、不想当将军的士兵不是好士兵

　　有人曾讲过："如果你都不知道要什么，那上帝怎么知道给你什么。"我们不能因为现实复杂而放弃梦想，也不能因为理想遥远而放弃追求。因此我们从现在开始，要树立远大的目标，做好具体的专业发展规划，只有这样，才会有意志克服征途上重重困难，顺利到达理想的彼岸。

三、师幼的幸福就是我的事业

　　在这里，我郑重向大家表态：我将竭尽所能为大家做好日常工作保驾护航，努力创建和谐向上的工作环境，让大家享受工作带来的乐趣和幸福。同时要求大家在工作中要牢固树立"管理就是服务，工作就是修行"的原则，把所有同事当作工作中的合作伙伴，努力做到"成人达己，成己为人。"只有这样，我们才会体会到工作的乐趣和幸福的真谛，才能尽情享受来自大家合作的乐趣。

"采得百花成蜜后，为谁辛苦为谁甜。"总之，你的努力，你的付出，终将为你的成长增添加风采，赢取更多的鲜花和掌声，同时也是在追求与谱写属于你人生的诗与远方。

——2020 年 8 月 14 日撰于家中

幼儿园不会忘记你

——2020 年 8 月 22 日上午召开保育员和后勤人员开学前工作会议讲话稿

有一种坚持叫奉献，有一种奉献叫坚守。

对于在座的各位，你们是默默奉献的坚守者，是我们幼儿园发展的顶梁柱，我们幼儿园不会忘记你。

为了让大家更加深刻领悟自己的角色，我们一起欣赏一首歌曲《祖国不会忘记》，请欣赏！

基于现在的氛围，我谈两点认识如下：

一、甘当绿叶的就是你

俗语说："红花再好也要绿叶扶。"意思是没有绿叶，红花也就不显得红了。在我看来，现实中"当绿叶"已经不容易，而"甘当绿叶"更是一种豁达的心境、可贵的精神，当你开始用平淡映衬他人的绚丽时，才发现自己的胸怀真正容下了整朵"花"，你的心灵才真正像那耀眼的光般美丽、纯洁无瑕。对于幼儿园工作，繁杂琐碎，每个岗位都是至关重要的，都需要付出努力，但由于工种的不同，分工也不一样，但其实大家为幼儿、园所、教师发挥的作用是高效的，是不可缺失的。因此，希望各位伙伴们，继续发挥"甘当绿叶"的品质，高质量的为我们幼儿园健康发展服务。

二、默默奉献的就是你

在我看来，现实工作主要分显性、隐性、综合性。在幼儿园工作中，我们的一线教师，由于是直接面对小朋友和家长，所以所付出的辛劳基本会显性地展示给家长们，但我们保育员和后勤工作人员，保障了幼儿园的食品安全、设施设备安全，助推孩子们的健康成长，付出诸多隐性的劳动，是一群为幼儿园发展默默奉献的护花使者，是用汗水浇灌祖国希望之花的耕耘者，可以大声告诉大家："我们不会忘记你。"

总之，"兵马未动，粮草先行"在新学期即将开学之际，希望各位伙伴们能一如既往地做好岗位日常工作，甘当绿叶，默默奉献，为幼儿园的健康发展做出努力，为继续夯实"幼儿开心、家长安心、领导放心、教师倾心"的办园宗旨努力合作，砥砺梦想。

——2020 年 8 月 22 日撰于家中

引领前行　合作共赢

——STEAM 科创活动室与微课应用项目 牵头园更换和中期汇报工作安排讲话稿

今天，对我们区域幼教来说，是一次难得的精英集会，在此，我代表幼儿园对大家的到来表示热烈的欢迎！

现就课题研究情况，我谈三点认识如下：

一、一个人走得快，一群人走得远

一个人的发展，自由奔放，随心所欲，平方式成长，但到一定程度就会出现瓶颈期，独木难成林，慢慢会陷入迷茫和焦虑，总觉得自己没有方向，成果缺乏高度；而一群人，一个团队，就完全不一样了，它是一个共同体，是一个多元体系，集理论、实践、技术等融合在一起，自然就会行得稳，走得远。我们在座的各位专家和骨干教师，都是这一课题的合作共同体成员，希望继续发扬前期的合作劲头和优良传统，及时高效地完成我们的课题研究工作。

二、不积跬步，无以至千里；不积小流，无以成江海

研究是一项长期工作，我们不能因为长期和烦琐而拒之门外，反而要敞开胸膛勇敢地把它迎进门，按照既定计划，踏踏实实，一步一个脚印向前推进。俗话说："日日行，不怕千万里，常常做，不怕千万事。"我们只要坚持不懈，积少成多，待有一定的量变时，质变就会自然而然发生。

三、火车跑得快，全靠车头带

这一课题，我们都是在林老师的领导下开展的，有这样经验丰富，干劲十足的火车头，相信我们的研究一定出成果，也必定出成果。在此，我提议我们以热烈的掌声对林老师保姆式的引领表示诚挚的谢意！借此机会，我也郑重表态："我们将全力以赴为研究工作提供经费、人力、场所等必要条件，保障课题顺利开展。"

下面以一句名言结束我今天的讲话："团结一条心，石头变成金。"祝愿我们接下来的合作研究能金石为开，硕果累累。我的讲话完毕，谢谢大家！

——2020年9月17日撰于家中

莫疑春归无觅处　静待花开会有时

——2020年10月24日青年教师成长月主题讲话稿

我们经常说，"冬天来了，春天还远吗？"也经常说，"少壮不努力，老大徒伤悲。"这些都是在强调我们需要努力，需要心中有阳光，有希望，所以在这里，我引用一句今人化用古人的佳句"莫疑春归无觅处，静待花开会有时"作为我今天讲话的主题。

鸡蛋从内而外是生命，从外而内是食物，发展需要主动，需要内驱动力。我永远相信，每一颗种子都渴望成长，只要有适合的土壤和环境，就会凭借内驱动力破土而出。基于以上的分析和理解，现在我对参加本次活动的每一位教职工谈两点认识和要求如下：

一、二幼佳绩创造不必在我，但务必有我。在幼儿园建设中，这一点，我们也是适用的。一所幼儿园的佳绩，绝对不是园长一个人能创造出来，也不是我们班子成员、行管人员通力合作就能做出来，而是靠在座的每一位骨干教师、每一位导师合力锻造的，"众人拾柴火焰高"，所以，我们要牢固树立"二幼佳绩创造不必在我，但务必有我"的工作理念，因为我们就是二幼人，就是二幼未来建设的一分子。

二、二幼历史长河不由我创，但必留我痕。杜甫《曲江二首》中有这样两句："酒债寻常行处有，人生七十古来稀。"我园已建园70年，算是古稀之年，是我们湛江市为数不多的老园，所以除了拥有悠久的历史外，还有着深厚的文化底蕴和人文底蕴。但这都已成为我们瞻仰的历史，未来还会有第二个70年，第三个70年，在这茫茫的历史长河中，必须留下我们的足迹，这才不辜负我们从二幼走过，所以，我想说："我们虽然是大海中的一滴水，但没有我们这一滴滴水的汇集，便成不了大海。""海纳百川，有容乃大。敞开胸怀，接受个性差异，容下孩子、容下同事、容下二幼、容下整个世界。"总之，二幼的历史已为我们开启，二幼的平台已为你展开，历史长河中哪颗璀璨的星辰是你？这就需要你不断充电，不断发光，形成耀眼的发光体，常驻在历史长河的星空中。

这段时间，我欣喜地看到了大家的用心和用情，配合幼儿园完成一日常规活动，完成第一轮园本特色绘本设计，完成园本特色刊物《幸福二幼》的收集与组编，以及师徒不断修改自己的一年成长计划，这就是大家充电发光的表现，希望大家继续奔跑，因为我们都是追梦人。

"莫疑春归无觅处，静待花开会有时"，我坚信，只要你心中有理想，有志向，并"追风赶月莫停留"，在你前方的一定会是"平芜尽处是春山"，满园春色、春暖花开！

我的讲话完毕，谢谢大家！

——2020 年 10 月 24 日撰于湛江市第二幼儿园园长办公室

工作创新没有不可能

"爆竹声声辞旧岁，喜气洋洋迎新春。"这是我今天在幼儿园"庆元旦迎新春·第七届小百灵歌唱节"汇演讲话中的第一句，因为这是比较符合气氛的，也是因为我们这一次活动是面对社会，面对全体家长，通过网络直播的形式，把我们精彩的演出，向大家呈现，同时也得到了 1.8 万次（截至 29 日晚上 10 点）点击量，这说明，至少有这么多人关注过我们。是我们幼儿园师幼人数的 40 倍，这就是网络的影响力，是我们创新开放模式的一次新尝试。

活动结束后，家长可以说是赞誉不断，都在说，我们都不想离开屏幕，怕错过宝贝们的精彩表演。我们幼儿园的教师们也觉得轻松了好多，因为不用接待我们的家长，毕竟我们园所太小啦！

这一次的活动，让我再一次体验到工作的大胆创新，让我们实现不可能。

基于这一点，我浅谈几点个人理解：

一、创新方能激活力。每一次的创新，就是一次挑战，一次革新，一次打破常规，形成新的过程，这虽然有一定的阻力和困难，但同时也具有另一面，那就是可以激发新的活力。我们经常说温水煮青蛙，怎么死都不知道。如果激发起强大的活力，那力量就会是无穷尽的，因为这个时候大家已经从被动变为主动，从压力变为内驱动力，实现"欲"的冲动啦。

二、创新方能提高度。每一次的创新，基本都能提升一个高度，都能打破原来的禁锢，给伙伴们一次新的体验。这一高度，其实就是一种社会趋势，一种力量使然，不然，你永远只会人云亦云，跟随别人的脚步而行，一不小心，就被落了十万八千里远。

三、创新方能铸辉煌。每一次的成就，除了坚持，其实就是创新，所以说，创新方能铸造辉煌。辉煌就是我们前行的灯塔，照亮着前方前行的道路。辉煌就是彼岸，促进我们必须全力以赴。

鉴于此，我将会继续努力，特别是创新这一块，必须继续尝试，锐意进取，创新敢为，为单位总结更多的经验，积累更多的园本资源。

——2020 年 12 月 29 日撰于家中

每一次的出彩绝非偶然

——2020 年 12 月 31 日主题绘画展总结会议讲话

"台上一分钟，台下十年功。"这强调的是我们想要出彩，就必须进行努力，必须经过长时间的磨炼和蜕变。

我们经常看到别人耀眼的光芒，却根本不知道他们背后的艰辛与付出，除了浅层的羡慕外，别无收获，这其实是一种理解误差和片面。

这一次的画展可以说非常出彩，得到了领导、社会、家长的高度认可和赞赏，甚至可以说在霞山区乃至湛江市幼教届掀起一阵"幸福二幼"之风，给我们的幼教注入活力，送来寒冬的温暖。

通过各位家长朋友圈的反映，家长们对我们的画展可以说是赞不绝口，特别是给我们这样的评价："幸福二幼，创意二幼，每天丰富多彩的活动，乐坏俺家的神兽。"这是家长内心的真实感受，也是对我们这次画展最高的赞誉，大大提升了我们的斗志，为我们迎接 2021 年的春天树立了信心。

以上的点点滴滴，看似一次偶然，因为我们在座的各位根本想不到，超出了大家的计划预想范围内，但现在我们做到了。在我看来，这其实就是一种必然现象，这一次的画展，从筹划，到构思，再到实践与落实，每一位教师都付出辛苦，都在进行头脑风暴，都进行实实在在的讨论和努力，不断地改变，甚至不断地碰撞，这些我看在眼里，乐在心里，因为创意是碰撞出来的，而不是"蹭"出来的。在我心里，永远相信大家，一直在践行"用我们的信任，让每位教职工都能发光"的用人理念，也一直在让大家慢慢感悟"一个人走得快，一群人走得远"的哲理。这样的真合作，这样的统筹安排，促进了我们成功的必然性，所以我说"每一次的出彩绝非偶然。"

在这，我还要告诉大家一则好消息，那就是我们成功作为市级版画加盟园，成为全市县市区版画试点园，这将大大提升我园的影响力和使命担当。前几天，我把我们的展示图向市教育局幼教专干林老师汇报时，她的回答是"以你们现在的水平，你们作为版画试点园一点压力都没有，相信你们！"这就是大家的水平，领导眼中睿智的伙伴们。

天道酬勤，厚德载物，这是我们每一位教育者最大的渴望和追求。分享是获得好感和信任的最好法宝。相信在我们区委区政府的坚强领导下，教育局的重视与支持下，在大家勠力奋进中，我们二幼将迎来新的发展机遇，成为看得见的幸福二幼，成为有温度感的幸福二幼。

最后，真诚感谢大家！你们辛苦啦！

——2020 年 12 月 31 日撰于湛江市第二幼儿园园长办公室

坚持是自己制胜的法宝

严寒的冬天，让好多人只能缩在温暖的被窝里，想锻炼也只能望而却步，不能战胜自己，而是屈服于眼前寒冷的天气。

而我，今天依然坚持自己的锻炼计划，环绕渔港公园跑步锻炼一圈，6000步左右。

6000步表面只是个数据，但其实背后蕴含和象征的才是我们需要考虑的。那背后是什么呢？

第一，是一种坚持。众所周知，滴水的力量是微小的，甚至是微不足道的，但由于它的坚持不懈，最终给世人留下"滴水穿石"的典故和佳话。所以，对于坚持的人来说，今天的跑步只是一次例行而已，但在6℃的低温下，进行这样的运动，那需要的就是勇气，一种战胜自己、持之以恒的品质。

第二，是一种毅力。每一次的坚持，靠的其实就是一种毅力。大家都知道，每一件事的完成，绝对不是一帆风顺，一举成功的，需要的是一种坚定的毅力，直面问题的勇气，解决问题的动力，承受失败的压力，也是一种接受不同结果的适应力。我们这段时间一直在说牢记"四个意识"，基于毅力这一点，其中核心意识是我比较看重的，因为只要我们认清我们的核心事务，咬定青山不放松，就能在有朝一日，达成我们的预期目标。

第三，是一种挑战。面对问题，面对困难，你是屈服，不断后退，还是迎难而上，勇敢面对，这是直接决定事情发展结果的重要因素。行动是成功的一半，如果连最起码勇于挑战的行动都没有的话，那结果就不言而喻了，甚至可以说是一败涂地，因为我们在工作中，天天都会面临各式各样的新问题，新挑战，只要我们勇敢面对，具有科学的策略和强硬的底气，一切都会迎刃而解，使其变成我们工作中的过客，甚至还可能变成我们前进路上的助推器和催化剂，让我们健康快乐成长，一路奋进，一路欢歌。

大道至简，贵在坚持。人生中最大的敌人不是别人而是自己。所以，我们在平时工作中，战胜自己才是关键，敢于自我革新才是王道，正如"世上永远不变的是改变"这句话蕴含的哲理一样。

让我们携手前行，成就自己心中的梦想。

——2021年1月8日撰于家中

合作方能出成效

——2020—2021学年度第一学期副班工作总结会议讲话稿

我们要牢固树立"四个意识",即"政治意识、大局意识、核心意识、看齐意识",今天我重点强调以上"四个意识"中的两个意识,"大局意识"和"看齐意识"。

"大局意识",用到我们的幼儿园工作上,就是站在幼儿园和班级发展上想问题,看问题,坚决贯彻落实幼儿园整体规划,班级中班主任的整体设想。讨论过程中,可以提出个性化意见,可以根据自身实际情况发表建议,但必须要树立大局意识,树立一荣俱荣、一损俱损的荣辱观,别等着看笑话,别等着看败局,更不要搅局,因为这就是你的集体,你的单位和班级。当然,要想你的主班老师和幼儿园采纳和实施你的方案,那得有一定的分量,有一定的可操作性、前瞻性,不然请你坦诚接纳别人的方案和建议。这又牵扯到一个人的修养、态度和能力问题,其他我就不说,和大家共勉两句话,第一句:"获得每一次的赞赏都是极不容易的!"第二句:"采得百花成蜜后,为谁辛苦为谁甜。"

"看齐意识",回到我们的工作岗位,那么多的优秀教师,那么多优秀的执行策略,并且有些工作也已初见成效,那我们就应该向大家学习,向先进看齐,让自己不断成长,不断优秀,实实在在享受来自工作上的乐趣。

一个集体,不管是大还是小,都是一个整体,只有合作,只有聚力,方能出成效。

"三人行,必有我师焉。"告诉我们,学习无处不在,每个人都是我们的老师,就看你能否发现他的优点,能否找到他有你无的亮点。

"众人拾柴火焰高!"告诉我们,合作才能产生力量,才能做成事,做大事。一花不是春,独木难成林。大家好才是真的好。

所以,希望大家永远记住:"合作方能出成效。"

我的讲话完毕,谢谢大家!

——2021年1月15日撰于市二幼园长办公室

主动成长才能永不褪色

——2020—2021学年度"我成长我开心"
学期班主任工作总结讲话稿

成长无法替代,发展必须主动。

本周四天,我们都在进行主题为"我成长我开心"的工作总结分享会,基本可以说全覆盖,主要是让大家好好对这学期的忙碌工作进行梳理,反思和总结,让自己"照照镜子",

对照过去，进行梳理整改，也让自己整装待发，开启新的航程。

在我看来，要有着成长的心态，成长的意向，可以说成长是无处不在的，将永远伴随在你的身边。

如理念的成长。我们都知道，"没有不进步的人生，只有不求进取的人。"我们必须树立"活到老学到老"的生活理念，向我们身边的伙伴学习，因为"三人行必有我师"，每个人都有着他的特长和潜能，有着我们需要学习和借鉴的地方，只要我们取其精华，去其糟粕，就能为己所用，持之以恒，自然而然就能让自己迅速成长，也就会享受到成长带来的快乐。用我们的办园理念来说，也就是"守护萌芽，静待花开。"鉴于此，我希望大家牢固树立"二幼佳绩创建不必在我，但务必有我；二幼历史长河不由我创，但必留我痕"的工作理念。

如教法的成长。我们经常说，"教无定法，但贵在得法"。幼儿教育，其实重点解决的是"教给谁，教什么，怎么教"的问题，仁者见仁，智者见智，但每个人的策略，都是值得我们去借鉴，去实践验证的，甚至去研究内化，更有优秀者也可以深入反思那些做得不好的做法的原因。通过这样来帮助相关人员不断进步，也让自己不断从实践的过程中切实成为一名研究型的教师，也以此来实现"成人达己，成己为人"的价值观。

如说话的技巧。情商高的人，他的说话很有技巧，所以他是很有人缘的。因为他们知道在什么场合说什么话，也知道别人这个时候最想聆听到什么话，他们晓得"直话弯说"的技巧，因为"直是人心，弯是技巧。"他们也知道"点赞别人就是一种美德"，所以，大家都喜欢他，都愿意与他坦诚相待，推心置腹。正如一句话所言："良言一句三冬暖，恶语伤人六月寒。"所以，这些就是我们要学习的，当这些形成自己的本领和习惯后，你就会在涉交路上永远亮绿灯，你在奔跑路上将永远伴有掌声和鲜花，诗与远方。

总之，学习无处不在，成长也会时刻在你身边，我们切实用心后，就能享受到成长的乐趣，享受到成长带给你的蜕变，永葆教师青春的魅力！

希望我们谨记一句话："一辈子做教师，一辈子学做教师。"

最后，我再次强调："主动成长才能让自己永不褪色。"

我的讲话完毕，谢谢大家！

——2021年1月11日撰于湛江市第二幼儿园园长办公室

用心做事的人最可爱

——2020—2021 学年度第一学期保育员总结会讲话稿

用心，不是靠嘴说，而是需要用行动来诠释，才能让你的用心显性化，让人感受到你的存在，感受到你的可爱。

用心做事的人最可爱！这是我在心中对大家的肯定，也是对大家的期待。

用心做事的你们，给大家带来了清洁，带来了安全，带来了安心。我们不会忘记，每周卫生检查时大家忙碌的身影，不会忘记孩子如厕时你们母亲般的陪伴，不会忘记午睡时你们轻手盖被褥的动作，不会忘记每一次给我们孩子更换衣服和梳头发的亲切，不会忘记元旦会演舞台搭建时你们男子气概般的坚强和毅力，不会忘记你们百灵鸟般清脆而可爱的声音，在这里，我深深感受到大家的可爱！可敬！因为你们可爱，我感受到你们的纯洁，你们的无私，你们的大局观，在此，谢谢你们！

期待大家继续努力，继续做一位用心做事的人，做一个可爱的人。因为清洁卫生还需要大家，孩子的健康长大还需要大家，园所高端建设需要大家，特别是幼儿园这个大家庭非常需要大家！

最后，感恩身边每一个人，感恩我们的遇见！祝大家春节快乐！阖家幸福！身体健康！年年有余！

——2021 年 1 月 13 日撰于湛江市第二幼儿园园长办公室

用牛劲耕耘二幼　用智慧编写故事

——2021 年 2 月 19 日开学工作讲话稿

在中华文化里，牛是勤劳、奉献、奋进、力量的象征。人们把为民服务、无私奉献比喻为孺子牛，把创新发展、攻坚克难比喻为拓荒牛，把艰苦奋斗、吃苦耐劳比喻为老黄牛。前进道路上，我们要大力发扬孺子牛、拓荒牛、老黄牛精神，以不怕苦、能吃苦的牛劲牛力，不用扬鞭自奋蹄，继续为中华民族伟大复兴辛勤耕耘、勇往直前，在新时代创造历史辉煌。

是的，平凡铸就伟大，英雄来自人民。我们在座的每个人都是平凡的教育工作者，都是众多家长心中默默奉献的孺子牛，是众多领导心中创新进取的拓荒牛，是能吃苦能做成事的老黄牛。在大家睿智耕耘下，我们二幼在 2020 鼠年里，编创了让我流下感动泪水的佳绩，彰显了让我看到希望的工作能力，在全新的牛年 2021 里，我们将继续挽手前行，铆足牛劲，开辟属于我们的天地，编写我们二幼"春天的故事"。

在 20 多天的寒假里，我们全体教职工，按照办公室的安排，都圆满完成了值班任务，大家都制订了本学期的工作计划，并不断地挤时间学习积累，各自都能按照预期目标，默默地在耕耘着，酝酿着。在这我特别提出表扬保教部门和办公室，特别需要重点提出表扬财务的严老师，她放假到现在，一直都在加班，年前加班到年二十九，在此提议大家以热烈的掌声表示感谢！说实话，这个假期，我基本一天都没闲着，斗胆简单汇报一下：我年前每天都回园跟踪督促园所基础建设项目，并且完成了将近 3 万字的编写工作，9 个方案、1 份申报书、2 篇论文、1 个案例分析，阅读了 2 本专业书籍，基本厘清我们未来五年各领域该如何开展工作的思路，给相应部门提供工作方向引领。

相信大家都能感受到，我们的园所环境正在不断改变，假期我们完成了艺术长廊，10 间活动室的地板、墙裙和门，四层楼走廊地胶铺设，音体室舞台搭建和高清电子屏添置，以及楼梯主题文化建设，现代化气息慢慢萦绕在我们的身边，接下来，我们将利用一年的时间，继续对楼层防护栏，楼层里外墙面，各间厕所，各班级文化墙，"小乐园大世界"主题文化区域建设等方面进行改造更新。届时，我们的幼儿园将会是一所新时代气息较为浓厚，主题特色鲜明的园所。在此，提议大家为我们的美好未来鼓掌！并以热烈的掌声表达我们对区委区政府的感激之情。

"求高端、提温度、丰底蕴"将是我们近期的工作方向，刚才的阐述是基础方面的建设，我们的底蕴建设和温度管理也会不断加强深入，具体的我们相关部门会根据幼儿园的整体设想不断夯实和拓展。但我在这要告诉大家，"常规工作主题化，主题性工作成果化"依然是我们这段时间工作的主基调，"小乐园大世界"园所文化建设将依然是我们这段时间需要不断夯实和拓展的课程建设、活动教研、基础建设的主要内容，课题引领和重视年轻教师成长依然是我们工作的侧重点，温度管理不断深化是我们管理中探索研究的主要模式。希望各位一如既往地支持和配合，希望各位做好迎接困难和付出更多的心理准备，因为越往深处走，困难和险阻就越多，出现的问题和阻力就越大，但只要我们撸起袖子加油干，咬定青山不放松，定能长风破浪会有时，定能柳暗花明又一村，定能战胜"春天前的严寒，黎明前的黑暗"，迎来全新的二幼，编写更多二幼"春天的故事"。

"大鹏一日同风起，扶摇直上九万里。""海阔凭鱼跃，天高任鸟飞"。天之高，海之阔，只有能飞能跃，方能享受这一资源的优势，否则，一切都是多余的。所以，不管是从大自然的发展规律，还是从成功人士的发展历程来看，都是在诠释这样的两句话："青春是用来奋斗的！""奋斗是幸福的！"

一次偶然的机会，我看了一篇推文《优秀教师与一般教师的区别是什么》，文中有些观点提炼得非常精练和贴切。现简略分享如下："教师的专业成长，说其根本，是教师的生命运动。教师这个职业，是要求我们每个人都成为终身学习者。一辈子做教师，一辈子学做教师。教师生命的常青在于读书，苏东坡曾说'腹有诗书气自华'；用写作改变职业状态，每个人都不能够延展自己的生命长度，但是可以增加自己生活的高度，可以丰盈和延展自己生命的厚度、宽度；教师要教书、读书，更要写作，哪怕读者只有自己一个人。"

鉴于此，作者的成长愿景：

思想建构——做教育文化的发展者；

精神缔造——做教育理想的守望者；

工作目的——做人性完善的培育者；

专业发展——做先进理论的学习者；

行走方式——做打破僵局的研究者；

教育推进——做体验幸福的生活者。

最后总结出优秀教师与一般教师的区别如下：

课堂教学的广度，取决于教师教学视野的广度；

课堂教学的深度，取决于教师教育思想的深度；

课堂教学的高度，取决于教师道德情操的高度；

课堂教学的厚度，取决于教师文化积淀的厚度。

新时代的教育已开始，国家"十四五"规划美好画卷已展开，我们必须认清形势，跟随祖国发展的步伐，开好局，起好步，才能为中国共产党成立 100 周年献礼，才能做一名新时代的教育者。

下面一起共勉以下四句话：

眼界宽广，恩泽流长。提醒我们为人处世要心胸开阔，宽厚待人，才不会招人怨恨；人生所留的德泽，要流传长远，才会赢得无尽的怀念。

路留一步，味减三分。提醒我们路窄的时候，给别人留下一步，好吃的东西，能留下些给别人尝一尝。这就是一种胸怀和大度。

良药苦口利于病，忠言逆耳利于行。告诫我们勇于接受他人的批评。

欲勿轻染，学勿稍退。告诫我们不能有贪念。学习如逆水行舟，不进则退。学习才是人生永恒的主旋律。

最后，继续强调两句话：

"依靠学习，走向未来。"

"你若盛开，蝴蝶自来。"

希望大家慢慢领悟和消化！加油！

我的讲话完毕，谢谢大家！

——2021 年 2 月 13 日撰于家中

唯有用心　方能幸福

——2021年个人专著《做一名用心的教师》
园内分享会上的主题讲话

幸福是奋斗出来的！奋斗是幸福的！这是我们的精神食粮，也是国家前行的原动力和加油站。

上一周，我们行政人员、科任教师、班主任、副班老师，进行了为期5天的园本课程交流活动，从学习中，结合这一次活动，我有以下几点体会，现分享如下：

一、过程彰显研究态度。在保教处的精心安排下，交流的整个过程，彰显了我们全体教职工一种深度研究的态度，我备感欣慰，因为这些课程都是基于主题文化背景下的园本课程研究，是市二幼原生态的课程，是大家汗水和智慧的结晶，虽然期间好多课都还有瑕疵，但我们已经启程，已经在行动，这就是成功的开始，希望大家再接再厉，相信三年左右时间就会出成效，到时我们的用心研究，就会造就我们幸福的未来。

二、形式重视孩子成长。所有的课程活动，我都可以看到12字箴言"直接感知、实际操作、亲身体验"的痕迹，这就是孩子获得成长最为有效的途径。可见，我们的伙伴们都是研究高手，都能时刻把儿童放在心中，从"为了儿童"到"基于儿童"的转变。值得表扬，值得继续深入探索，因为只有儿童成长了，我们才能成长，彼此才能形成比较幸福的伙伴和共长的关系。

三、内容诠释园本特色。本次教学活动交流，所有课程内容选择，都是基于"小乐园大世界"的框架下进行设计，有力诠释园本特色。这是非常难的工作，因为这就是自组教材，园本原生态课程，没有参照物，只有内容这条枝干，生根长叶，开花结果，都需要我们在基于本班孩子的能力基础上，结合自身特长和理解，个性化设计出来教育活动，其实就是一种创造过程，内化过程。因此，非常感谢大家的用心，因为你的用心，让我看到了园本特色课程的雏形，也看到我们未来的希望，希望大家继续坚持，相信成功的路不会很遥远，特色建设的幸福感也不会很遥远。

四、理念践行未来教育。我们现在推行的各项工作，就是一种未来教育的行为体现。教育，包罗万象，纵横无边，但它围绕的就是师生和社会未来的发展这条主心轴，站在儿童的角度来说，就是一种适应未来生活的生存技能习得。而站在教师的角度来说，也是一种与时俱进，培养国家未来栋梁人才的策略决定研究者。一周的活动，特别是美术活动，我都能看到孩子们的动手能力，感受到孩子们成功的喜悦，深入践行了刘京海校长所倡导的教育理念："成功才是成功之母。"

这期间，可能带给大家好多工作量，甚至是压力，但在这里我想分享个小插曲。我把我们主题文化建设背景下园本课程展示的美篇分享到朋友圈后，有一位比较有幼教情怀的同行发了一条信息给我，信息内容是这样的："谢园长，棒棒哒！你怎么去的是二幼呢？"言外之意就是"你怎么不来我这里呢！"还有一位专家学者跟我交流了3个小时后，发给了我这样一条信息："难能可贵！能在湛江遇到同路人，真是无比幸运！"所以大家千万别身在福中不知福，别把拥有的资源当麻烦，当累赘，到时过了这个村就没这个店，失去的时候，方知其珍贵。现在社会对我的评价两极化，有说特别好的，也说我比较高调的，所以我需要静下来慢慢调整和适应，活出自己的精彩，做好自己的教育。

藏书不读如藏木。

书中自有颜如玉，书中自有黄金屋。

腹有诗书气自华，腹有诗书境自高。

一本书能为你打开一扇窗。

一语惊醒梦中人。

一千条一万条名言警句，都强调了读书的重要性，学习的重要性，感悟反思的重要性。

所以，非常感谢大家刚才的分享，希望大家务必学以致用，特别是思想方面的感悟，更是值得慢慢升华和内化，形成自己的生活态度，工作准则，学习理念，待人品质，让自己在前行的道路上昂首阔步，铿锵有力，行稳致远。

被誉为旷古稀世的奇珍宝训《菜根谭》一书中有这样的一句话："德随量进，量由识长。"意思是品德随着气量增长而增长，气量随着见识增加而增加。也就是说，要想使道德更加完美，不能不气量宽宏；要想气量宽宏，不能不增加见识。而读书就是一种比较好的增加途径之一。

所以，在我看来，唯有读书，方能长见识；唯有用心，方能续前行；唯有前行，方能收获幸福。真诚希望大家切实享受工作的幸福，成长的幸福，生活的幸福。

——2021年4月19日撰于家中

研究是教师获得幸福的最佳途径

——2021年班主任"我成长　我快乐"总结会议讲话稿

苏霍姆林斯基曾经说过："如果你想让教师的劳动能够给教师带来乐趣，使天天上课不至于变成一种单调乏味的义务，那你就应当引导每一位教师走上从事研究这条幸福的道路上来。"可见，教师的幸福来源于教育研究。

教育，是我们的本位工作，而研究则是岗位的基本要求，同时也是最高要求。"教而不研则浅，研而不教则空，研而不成文则失。"教和研是一个统一体，是教师幸福的源头，是教师之树常青的有效途径。如何教？如何研？相信大家仁者见仁，智者见智，下面借用三句名言警句谈谈个人初步认识：

一、陶行知："千教万教教人求真，千学万学学做真人。"这是陶行知先生被世人引用最多的一句教育箴言，甚至有学校把它作为教育理念、教育方向、培养目标等等，在这里我的引用，是想给大家提供方向的参考，提出我的教研要求和愿景，那就是"求真"和"做真人"。"求真"在我这里的解释是探究真学问，也就是"真研究"，不走过场，不流于形式，而是直面问题和依据相关安排，进行切实有效的深度研究，使参与者获得预期成长。"做真人"在我这里的解释是做一位具有实际本领的人，也就是"真学习"，是基于人的本身发展需求，通过切实有效的学习途径和方法，获得知识的积累，能力的提升，成为社会有用之人。

二、陶行知："要想学生好学，必须先生好学。"唯有学而不厌的先生才能教出学而不厌的学生。我们现在经常说："要想给学生一滴水教师自己要有一塘水。"可见，现在对我们教师的要求有多高，多难。但我经常说"日日行，不怕千万里；常常做，不怕千万事。"言外之意，就是要学而不厌，持之以恒，方能赢得驰骋知识海洋的自由，才能培养出学而不厌的学生。

三、休谟："幸福与其说是用任何其他方法，不如说是用情感的这种敏感性来达到的。"如果一个人具有了那种能力，他由趣味的愉快中所得到的幸福，要比由欲望的满足中所得到的幸福更大。他从一首诗、一段推理中获得的欢乐要比昂贵的奢侈生活所能提供的欢乐更大。这个命题有一定的争议性，但如果能把"研究"升级为一种职业兴趣的话，我们将会是一位幸福的教育者，也会从教育研究的过程中享受持久的幸福。

研究，也许过程很孤单，很寂寞，甚至泪流满面，但只要你转变态度，就不一样啦！就像污泥对莲花而言，并不是诅咒，而是祝福；就像茧对蝴蝶而言，并不是阻力，而是助力。对于高情商、高逆商的人来说，他们对人生始终充满信心，因为他们懂得没有那些痛彻心扉的过往，没有那些年的负重前行，便不会有日后的岁月静好，人生便不会如此饱满而厚重。

研究永远在路上。

幸福是奋斗出来的。

心中有信仰，脚下有力量。

作为教师的我们，奋力研究是获得幸福的最佳途径。信仰教研，是每一位教师脚下力量的助力器。希望各位伙伴能在有限的教育生涯中潜心研究，收获幸福，做一名幸福的教育工作者，做一名幸福二幼的共建者。

——2021 年 7 月 2 日撰于市二幼园长办公室

方向决定你的位置

——2021年"我成长我快乐"总结会议讲话稿

我们经常说的一句话就是"位置觉得想法"。这涉及的是位置的问题。所以今天我想跟大家讨论讨论，作为副班教师，如何摆正在班级管理和五大领域活动中的位置。

在班级管理上，我们是协助者。这是作为幼儿园管理的主要定位。所以我们要做好协助，为我们的班级管理添彩。一个学期以来，我们绝大多数班级都能和班主任顺畅沟通，气氛和谐，就像亲姐妹一样相处、共进，但有些班级不断出现一些不和谐的声音，出现诸多鸡毛蒜皮的事件，甚至有些还需要反映到园长这里来。这就是由于位置没定位好，个人思想站位出现偏离的结果，因此，借此机会，我想提醒大家，"方向决定你的位置"。这明显就是方向出问题，本末倒置，没有坦然接受组织安排，没有认清自己的位置，所以出现上述现象。我们经常说"物极必反"，也会说"理想很丰满，现实很骨感"，甚至还会经常听到"越想得到就越得不到"，这其实牵扯到的是一种策略问题和思想认识的问题。当你认识到团队的重要性时，你就会欣然接受合作的方式，当你明白自己的位置时，你就会放下身段，力求合作，共建和谐班风，慢慢你的梦想将会不请自来。正如老子所说，大海之所以能吸纳百川之水，具有蓬勃不息的生命，是因为处在下位的缘故。

在五大领域活动中，我们是主宰者。正所谓"我的地盘我做主"，既然我们是这些学科和领域的执行者，我们就要有自己的教育主张，就要有自己的策略思考，经过一段时间的努力后，形成自己的风格魅力，切实助力自身专业成长。这段时间，我们主推了三项比较大型的教研活动，"小乐园大世界"园所文化建设、伴育目标行动化研究、自主游戏案例收集，除了第二项正在启动，其他两项，大家基本可以看到一些端倪，甚至可以说看到了未来的蓝图，这是我们整个幼儿园发展的愿景，也是大家需要努力的方向，如果你没有把握好，自己搞一套，自然就会失去你的位置，失去集体的存在感。我们经常说"条条大道通罗马"，这些研究就是通向罗马的康庄大道，必经之路，希望大家做好主宰者，创造者。

合作共处者兴，团结合作者胜。希望大家秉着合作共赢的态度，成就别人，完善自我，做一名能屈能伸、睿智聪慧的副班教师。

——2021年7月3日撰于湛江市第二幼儿园园长办公室

你们都是全能手

——2021 年保育员"我成长我快乐"总结会议讲话

《幼儿园工作规程》中，幼儿园保育和教育的主要目标有四点，其中第一点是这样要求的："促进幼儿身体正常发育和机能的协调发展，增强体质，促进心理健康，培养良好的生活习惯、卫生习惯和参加体育活动的兴趣。"

这一目标的落实，其实最主要的就是我们保育员的工作。回顾大家的日常工作，对照这一目标，我们就会很明显知道我们的重要性。基于此，我来谈谈你们是怎样的"全能手"。

一、卫生能手。你们每天的卫生保洁，擦桌、凳、栏杆，定期消毒玩具，这看似每天平常且普通的工作，却为我们的幼儿身体发育提供了卫生的保障，这可是儿童得以正常参加活动的基本条件，这一条件都没有的话，其他的都会大打折扣，相继会出现"三天打鱼两天晒网"的现象，何来发育？何来成长？

二、哄睡能手。睡眠有助于儿童的脑发育，有助于儿童记忆力的增强，并且可以防止儿童未发于完善的脑皮层神经细胞因过度的兴奋而造成的大脑疲劳，益于脑功能的恢复。所以我们每天的午睡，非常重要，同时作用非常大。但却需要我们一定的智慧。对于大家来说，哄自己的孩子，没问题，哄几十个孩子，就非常难了！但你们做到了。

三、活动能手。你们不是老师，但有时还做着老师的工作。你们在班主任或副班老师不在的情况下，还会组织全班孩子的教育活动，甚至有时长达 2 个小时，这其实就是组织能力的体现。很高兴，听说个别保育员管班比个别副班还强，这就是活动能手。

以此证明，你们都是"全能手"，在此，感谢大家的努力与支持，感谢大家对孩子们输出的爱和温暖，希望大家继续在幸福二幼这块土地上发挥自己的光和热。

——2021 年 7 月 6 日撰于湛江市第二幼儿园园长办公室

你们也能发光发热

——2021 保育员"我成长　我快乐"总结会议讲话稿

"天生我材必有用"这句话我们经常用于对孩子的鼓励，在这里，我还是引用一下，对大家为幼儿园的贡献做一下分析。

在幼儿园的管理工作中，我们经常会说到主班老师、副班老师、保育员，很少提及我们这些默默奉献的勤杂工人，但我们这批人却依然发光发热，甘当绿叶，衬托满园的红花。如我们厨房的师傅们，每天都在张罗香喷喷的饭菜，每餐不重样的给孩子们提供营养；如我们的黎师傅，保证我们幼儿园设施设备的安全和正常使用；又如我们的保洁工李老师，每天都能保证园所地面清洁，各功能室的环境卫生，为我们提供了舒适的环境。再次感谢你们！我心中还是经常惦记着大家。

在政治素养方面，大家都能以包容的心态和自己的伙伴相处，是我们和谐园所文化和幸福二幼氛围的共创者。在此，提出表扬，希望大家再接再厉。

人与人之间的交往，重点在"和"字与"顺"字，连起来就是"和顺"，这是一种相互共建的课题，绝不是某一方无条件地退让，而是彼此之间的共同努力方能达成的，它是一架"人字梯"，需要相互撑扶，平衡发力，不然就会立不稳，发挥不了作用。

所以，我希望，大家在日常工作中继续发光发热，同时也要学会与人交往，让"和顺"永远伴在我们的身边。

——2021 年 7 月 6 日撰于湛江市第二幼儿园园长办公室

推功揽过　融合发展

——2021 年学期温度管理会议讲话

相信大家都理解功与过的定义，也基本能分辨出日常工作中什么是功，什么是过。那作为一起工作的伙伴，如何做到和谐相处，如何赢取他人的认可和理解，其实最好的做法就是"推功揽过，融合发展"。

基于以上的论点，我谈三点认识如下：

一、功与过。在大家的共事的过程中，会出现经过彼此之间的努力后，得到幼儿园的肯定，甚至赢得了一定的荣誉，但这个时候的功劳，有些人就视为己有，全盘接收，和你同甘共苦的伙伴，和你夜以继日奋战的伙伴，却被你抛到九霄云外，无影无踪，这样的功要不得，也行不通，长此以往，就会让你前行的道路越来越窄，越来越暗，这是因为你的自私。特别是出现错误时，这类人更是全盘推脱，跑得比兔子还快，让憨厚老实的伙伴替你背黑锅，承担责任，这更是要不得，使不得。因为这样的行为，将会失去未来任何一个合作伙伴，没有人愿意跟你共事，想想，你还能做什么？独木不成林，一花不是春。所以，我的建议是，既然是领导者，组织者，就应该负起主要的责任，既然是合作者，就应该担起自己的那一份责任。我虽然不鼓励大家什么都包揽，但该是谁的就是谁的，不然又会走向另一个极端。实事求是，敢于担当，是我们在功与过面前最好的策略。

二、责任与目标。温度，不单是相互之间的感谢，感恩，更应该是一种责任与目标。这么一说，大家可能还是有点蒙，现做一下解释如下：责任，就是自己的岗位职责。说实话，如果每个人都能高效完成自己岗位的工作，那你就是给集体输出你的温度，发挥你的热量，单位在最后聚合每个人的热度后，就会变得有气度，发光发热，这样的温度，才是我想看到的。目标是行动方向，是行动的终点。但这除了个人努力外，有时是需要借助外力，当别人需要外力推一把的时候，你出现了，你帮上忙了，就能让别人发光，这就是别人最需要的温度，所以，在合适的时间，给予合适的温度，就能成就别人合适的目标，实现"成人达己，成己为人"的最高境界。

三、合作与共赢。温度是互通的，是互传的。一个人跑得快，一群人跑得远。二人同心，其利断金。可以这么说，团结的力量才是时代的力量，共赢的策略才是永久的方式。试想，两个人在一起工作，没沟通，没互赞，哪来的温度？没合作，没目标，哪来的动力？所以，合作与共赢，就是在彼此温度互通的情况下，达到目标的制高点。否则，两败俱伤，永远没有赢家。

温度，是大家生存的基本条件；温度，是大家前行的助推动力；温度，是结成硕果的必要因素。是温度让我们彼此感知，是温度让我们感受到人间有温暖，是温度让我们产生追求幸福的动力。希望我们每一个人，都能输出自己的温度，让身边的伙伴舒适生活，让身边的伙伴工作顺利，让身边的伙伴硕果累累，也许，这个时候，世界上最幸福的人就是你！

温度不只是感谢，不只是感恩，而是一种互促、互赞和共长。希望大家人人有温度，处处能感受到温度。

我的讲话完毕，谢谢大家！

——2021 年 7 月 5 日撰于湛江市第二幼儿园园长办公室

第三部分 幸福教育 专业引领

专业，是每个领域工作者的毕生追求。

幼儿园教师的专业水平包括以下三方面：解读幼儿行为的能力；观察幼儿行为，分析行为蕴含的发展；判断发展水平，支持幼儿发展的策略。

基于以上的理论基础，笔者作为一园之长，通过教研活动、集体培训、书籍阅读、身体力行等方面进行专业引领，切实有效提升全体教职工的专业素养和研究积极性。

研究的味道

——2020年8月26日第一次教研会议讲话笔录

研究的味道如何？这应该是好多一线教师质疑一生的话题，基于这一点，我将用5分钟的时间和大家分享我心中"研究的味道"。

苏霍姆林斯基指出："如果你想让教师的劳动能够给教师带来乐趣，使天天上课不至于变成一种单调乏味的义务，那你就应当引导每一位教师走上从事研究这条幸福的道路上来。"

基于此理念的指导下，研究味道如何呢？下面分享两点个人认识如下：

一、研究的味道是苦涩的。研究是一项长期工程，永远在路上，没有尽头，没有终点，过程需要多方面积累，需要长时间尝试、实践和反思，相信经历过的教师都有所体会：为了获取某一实践案例的理论依据而徜徉在书海里；为了动员伙伴积极配合而绞尽脑汁；为了设计案例和提炼成果而夜以继日、灯火通明，着急、乏味、孤独、无奈，甚至是绝望等等，所以它的味道是苦涩的。但在这里，我想强调的是，只有你熬过春天前的严寒，黎明前的黑暗，才会柳暗花明又一村，拨开云雾见青天，山那边的风景尽在眼前，才会一览无余。

二、研究的味道是甜蜜的。有人曾经讲过："世界上最难的工作就是把你的思想装进别人的脑袋。"我们从事的是教育人的事业，由于时代的变化，人的心理、生理发生着诸多变化，我们需要真心实践，悉心观察，潜心反思，这样才会不断突破自己，获得新的体验，形成自己的实践经验，影响他人。这时，你就会尝到甜蜜的研究味道。"教而不研则浅，研而不教则空，研而不成文则失"提醒我们，教和研是一个共同体，两者合一，才能实现研究的价值。基于此，我们提出我园未来研究的方向是："常规工作主题化，主题性工作成果化。"在日常工作中，不断夯实"小乐园　大世界"的主题文化建设，扎实践行"幸福教育"主张，聚力实现属于我们的教育梦，追逐属于我们二幼人的诗与远方。

最后希望我们每一位园丁，秉着一种教育情怀，造福千万家庭，成就一群孩子，实现自我的人生价值。

我的讲话完毕，谢谢大家！

——2020 年 8 月 26 日撰于家中

缓解"分离焦虑"我有法

——2020 年 9 月 4 日第一次参加幼儿园教研活动笔录

研修是教师进步的阶梯。幼儿园的发展，保教是重要的领域，需要我们因园施策，潜心研究，切实通过教研的手段，突破园内存在的诸多工作瓶颈。

下午 4：20，为了深入了解我园小班一周的工作情况，在李副园长的主持下，召开了主题为"如何缓解幼儿入园焦虑情绪的策略"研讨会，我作为一名学习者受邀参加，这也是我到幼儿园工作后第一次参加教研会议，所以必须留下我的成长和感悟，现记录和分享如下：

一、策略分享

为了达到共研同长的目的，李副园长以班级为单位，进行深入讨论并绘制成一张思维导图，进行策略分享。各抒己见，各有千秋，充分彰显了每一个幼教群体的聪明才智，留下了诸多宝贵经验。具体记录如下：转移注意力、集体活动、区域活动、户外活动、体育游戏、家教沟通、环境布置、捕捉兴趣点、激励教育、充分利用现代科技手段实施场景回放等等。

李副园长总结与拓展："大家都辛苦啦！希望大家都能利用自己的智慧，为幼儿园做出更大贡献！"随即她提出了自己的几点建议：要充分利用电子技术辅助教育教学活动；建议和孩子的沟通不能说反话；多用抚摸拥抱的方式给孩子安全感；要着手进行早教的训练工作，丰富孩子一日活动；增强家教交流，获取彼此信任；深入研究与推行正面教育和引导。

随即我对"正面教育和引导"进行了个人经验的分享，那就是"每天放学回家只问孩子四句话，将会改变孩子一生"的分享：1.学校有什么好事发生？ 2.今天你有什么好的表现？ 3.今天有什么好的收获吗？ 4.有什么需要爸爸（妈妈）的帮助吗？问题解析：第一个问题其实是在调查子女的价值观，了解孩子们心里面觉得哪些是好的，哪些是不好的；第二个问题实际上是在激励子女，增加他们的自信心；第三个问题是让他们确认一下具体学到了什么；第四个问题则有两层意思，一是我很关心你，二是学习是你自己的事。

二、专题讲话

借此机会，我进行了专题为"感恩有您"的讲话，围绕"感谢（教师层面）、感动（领导层面）、感受（家长层面）"三个关键词进行，具体如下：感谢各位一周的辛勤付出，正是你们的辛勤付出，赢得了家长们的认可，截至现在，园所没有收到任何的投诉；通过了解和刚才大家的汇报，我听到大家的声音都沙哑了，说明大家为这次活动确实很辛苦，这让我很感动，希望大家注意保重身体，随即我要求级组长购买些能够辅助我们声带快速恢复健康的药物下发给大家，以减轻声带的损伤；通过我们一周的工作，各方面已基本进入正轨，希望大家要考虑家长的感受，遵循先入为主的理念，主动联系这几天情绪不大稳定的幼儿家长，用我们的真情换取家长的配合，用我们的真心换取家长的理解之心，为我们接下来的工作埋下良好的伏笔。总之，我们都是二幼的人，一荣俱荣，一损俱损，每一位教职工的工作和业绩都非常重要，希望大家团结一致，群策群力，打造二幼新的名片。真心拜托大家啦！

三、活动感想

一个单位的健康快速发展，需要一群无私奉献的人，需要一些愿意争当第一个吃螃蟹的人，需要一群能掌舵扬帆、乘风破浪的艄公。教研活动是总结问题，蓄意再出发的有效形式，是督促执行力是否高效的有效途径，是实践者分享实践经验的平台，更是智慧显性化的多元载体，我们务必重视，并不断开拓创新，锐意进取，为单位的健康发展提供强劲服务。

虽然是一次小范围的教研会议，但我看到的是我们二幼教研工作的踏实和智慧，感受到的是我们群体的团结和无私，品到的是我们二幼人的园丁精神和教育情怀。

"志不立，如无舵之舟，无衔之马，漂荡奔逸，终亦何所底乎？"希望我们能在"小乐园 大世界"的文化建设导向下，以"幸福教育"主张为方向，不断开启我们二幼的新篇章，为孩子们的快乐成长撑起一片广阔的天空。

——2020 年 9 月 4 日撰于家中

分享交流才能促进自我完善

——全国游戏活动优秀案例分享活动后感

"有心栽花花不开，无心插柳柳成荫。"出自古训《增广贤文》中的名句。

原来意思是：用心地栽花，施肥、灌溉等都做了很多，但花却总是不开，最后还是枯萎了；而随意折下来的一枝柳条随意插在地里，从来没有照料它，它居然在几年后长成了郁郁葱葱的柳树。

但在我这里的理解是：只要自己生命力强大，够坚持，够自我，够科学，到一定的时候，一定会变得强大，能发光发热，实现自己的理想抱负，践行自己的责任担当。

习惯决定了你的高度和生活方式。由于本人比较喜欢写日记，喜欢进行每天工作的反思和总结，所以生活和工作都很有条理和规律，由于个人比较正能量，想着也许能影响他人，所以乐于主动分享。

基于以上的特点，本来是我们幼儿园园内的教研活动，昨天确办成了全区性的研讨活动，并得到教育局局长的亲临指导，教育局教研室负责人和幼教专干的参与和组织，获得了意想不到的效果和反响，大大提升了我们幼儿园的地位。特别是给我们年轻一代增添了无限活力，就像一位年轻教师所说："今天好开心啊！像过年一样，热热闹闹！既学到本领，更新观念，还认识这么多前辈元老和朋友……"可见她们乐在其中，同时也正接受新的洗礼。

基于以上的分析和实践，现就"无心插柳柳成荫"这一话题进行个性化的解析如下：

一、分享交流才能促进自我革新。在祖国层面，中国改革开放的大门，不会关闭，而是越开越大。回到我们的管理和研究工作，也必须是这样。你的开放，你的分享，你的交流，既能促进自身提升层次，还能不断形成自己的经验，向别人分享，这是一种阶段性成果推介的过程。这一过程，其实是相互促进的过程，你提炼形成成果，别人在学的过程中，可能会给予比较中肯的建议，能弥补"当局者迷"的过失，能杜绝"不识庐山真面目，只缘身在此山中"的现象。所以，分享交流，其实就是促进自我革新最为有效的途径之一。

二、思考实践才能促进自我蜕变。学习永远在路上。依靠学习，走向未来。努力做一名勤于实践的思考者。世界在变，时空在变，每一个时代的孩子也会随着不断改变，每一位教职工也随着不断蜕变，如何让这样的变化更加科学、高效、高质量呢？这需要我们每一位管理工作者进行深度思考，深度洞察，通过各种策略的实践后，形成自身独一无二的特色，助力大家蜕变革新，迎接每天不同的挑战，成就自我未来的梦想。正如唐代文学家韩愈所言："业精于勤，而荒于嬉；行成于思，而毁于随。"

这一方面，牵扯到一个人的心灵问题。法国作家维克多·雨果所著《悲惨世界》一书上曾强调："比海洋更宽阔的是天空，比天空更宽阔的是人的心灵。"我们每个人的心灵如果接受这一模式，愿意参与思考，参与探索，那他的大脑就会随着行为而不断运行，从而形成自己的思考和思想，反过来指导自己实践，就在这样的螺旋上升中加快自我的蜕变。如果你喜欢写日记或做记录，积累到一定时间后，翻阅自己的记录慢慢回忆时，一定会觉得现在的你和当时的你，已经不是同一个人，会不禁为你的蜕变感到无比惊讶。到时你对问题就会有着自己新的理解，思考的真谛非你莫属。

三、总结提升才能促进自我前行。有人曾讲过："一杯干净的水，如果不停地摇晃，也不会清澈；一杯浑浊的水，如果静静地沉淀，也会变得清澈。"这强有力的为我们指明了方向，每一位勤勉的实践工作者，必须经常性地让自己静下心来，好好进行总结反思，内化提升，让自己更加科学和理性的前行。回到教育岗位，我们既要埋头拉车，更要抬头看路，努力做一名理论丰实，实践丰富的教育工作者。

这一点，又牵扯到学习的问题。在我看来，学习是我们一项永恒的话题，"活到老学到老"绝对不是一句空话。可以说学习无处不在，向书本学习，一本书能为你打开一扇窗；向朋友学习，选择一位朋友就是选择一种生活方式；向实践学习，没有实践就没有发言权；向生活学习，一切经验来源于生活，又服务于生活。

在管理上，我力推的是"常规工作主题化，主题性工作成果化。"这其实是对大家工作的一种尊重，一种留下痕迹的策略，也是践行浙江大学胡海岚教授"胜利者效应"理念的一种实践，践行市二幼提出的"求高端、提温度、丰底蕴"建设目标的有效举措。

每一次的努力都是一次考验，每一次的实践都是一次成长。根据波斯纳提出的"成长＝经验＋反思"的教师成长公式，我们将会继续踏踏实实实践，勤勤恳恳反思，铸就一次又一次的成长和蜕变。我们要继续秉承"宠辱不惊，看庭前花开花落；去留无意，望天上云卷云舒，"让自己不断成长，跨步前行，砥砺梦想。

——2020 年 12 月 26 日撰于赤坎区海田车城休息室

创新才能让彼此感受快乐

——2021 年 1 月 18 日厨房及勤杂人员总结讲话

快乐是每个人的追求，创新是工作质量提升的催化剂。这一点，我们更加强调的是它们的结合，那就是创新才能让彼此感受快乐。

记得在一天午点时，厨房的几位同志兴致勃勃地告诉我，今天的午点特别好吃！我禁不住过去尝试尝试，原来是小麦番茄糖水。根据大家的反映，是学习家族外出聚餐时酒店的做法。这就是学以致用，就是一种敢于实践，敢于创新带来的乐趣和期待。经过大家品尝后的反映，确实达到了大家的目的，均觉得很不错。

这虽然是一次简简单单的举措改变，但却给彼此带来了快乐和期待，也许这就是创新的魅力。

每一天创新一点点，就是在走向领先。每一天多做一点点，就是在走向丰收。每一天进步一点点，就是在走向成功。这就是我对大家的期待。

但我们必须注意安全第一！没有安全为前提，创新就是添乱，就是制造麻烦。所以我在此给大家提出几点希望：

第一，菜式的多样化。多样性才能带给彼此期待，才能让自己不断体验工作的乐趣。

第二，做一位用心的菜师傅。每一件事，都有着它的艰辛，每一次劳动，都有着不同的成效，但如果你用心，你就会得到应有的回报。如果"做一天和尚撞一天钟"，慢慢地就会出现日复一日地机械工作，自己就会产生倦怠，产生抗拒，工作质量就没办法提升。

第三，多读书，勤思考。学习是我们永恒的主题，学习也是我们走向诗与远方的助力器。多学习，才能不断更新自己的经验，让伙伴看得起你，让自己从工作中体验不断成长的幸福，让自己增强自信，让工作更加出色。

希望大家谨记以上三点希望，结合自己的工作实际，不断创新，不断实践，让自己幸福工作，让自己幸福生活。

——2021 年 1 月 13 日撰于湛江市第二幼儿园园长办公室

教学相长　助力成长

——2021 年 1 月 18 日"我成长我开心"个人汇报

随着时间的推移，阅历的增加，每个人都在不同程度地成长。基于本学期的工作，我也谈谈自己的成长如下：

管理方面。从一所中学的中层干部到一所幼儿园的法人代表，可以说角色完全不同，因此我是一路学习一路工作。学习大家的奉献精神，无我境界；学习大家的班级管理，家长管理；学习李园长、梁主任的教学管理；学习黄园长的安全管理、厨房管理；学习严老师的财务管理与制度执行；等等。一路工作，一路成长，我慢慢明白幼儿园的管理模式，也不断产生自己的管理理念，如温度管理；"常规工作主题化，主题性工作成果化"；建立"小乐园　大世界"园所文化建设等。

教学方面。我虽然是湛江市小学音乐学科的名教师工作室主持人，幼儿教育也是我的第一学历和专业，但由于长时间不接触幼儿教育，所以比较陌生，可喜的是，在大家的帮忙下，我通过 7 节课的实践，慢慢找到了幼儿园小班音乐活动组织和实施的办法。这让我非常开心，因为在我看来，"教而不研则浅，研而不教则空，研而不成文则失。"这不是一句空话，而是作为一名研究者，特别是一线实践者来说，非常重要，因为只有实践和调研，你才有说话权，才能了解一线教师的心声，也只有这样才能把话说到职工的心坎里，把事做到学校管理的实处去。

研究方面。虽然我也做过好几个研究项目，出版专著 2 部，但来到幼儿园后，又一次参加新的项目，这些对我来说既是一项任务，也是一个成长的平台。毕竟与时俱进方能不被时代淘汰。所以在参与中，我明白了 STEAM 课程，了解到项目式学习，更加理解何为园本研修和园本课程，可以说让我找到了新大陆。正如一位朋友跟我说："谢宏卫，我感觉你去幼儿园，去对啦！"其实我更想说："是我来对了地方，找对了合作伙伴，做对了事情而已。"

每一次的成长，都是一次能力的提升；每一次的提升，都是一次自信心的积累。"依靠学习，走向未来""一辈子做教师，一辈子学做教师"，我将一如既往，在此，希望大家继续为我加油！继续不吝指教。

我的汇报完毕，谢谢大家！

——2021 年 1 月 11 日撰于湛江市第二幼儿园园长办公室

幼儿园小班音乐教育活动实施中的四点策略

【内容摘要】音乐教育活动是幼儿园五大领域之一，是艺术领域中的一项比较重要的教育活动，是实施美育的重要途径之一。本文通过日常音乐教育活动中的简易学、趣味浓、游戏化、易创编四个方面的实施策略进行阐述，旨在给一线教师实施音乐教育活动时提供有效借鉴。

【关键词】音乐活动 简易学 趣味浓 游戏化 易创编

《3~6 岁儿童学习与发展指南》中指出：艺术是人类感受美、表现美和创造美的重要形式，也是表达自己对周围世界的认识和情绪态度的独特方式。在《3~6 岁儿童学习与发展指南》中艺术领域"表现与创造"强调："营造安全的心理氛围，让幼儿敢于并乐于表达表现。"这些要求，都是我们幼儿园音乐教育活动需要考虑和重视的领域，需要实实在在去探索与落实的目标。

鉴于此，经过一段时间的实践与总结，现分享在小班音乐教育活动组织中的四点实施策略如下：

一、简易学

小班儿童，年龄界限为 3~4 周岁，具有初步的艺术表现与创造能力，表现为能模仿学唱短小歌曲，能跟随熟悉的音乐做身体动作，能用声音、动作、姿态模拟自然界的事物和生活情景。鉴于以上这样的年龄特征，在小班的音乐教育活动我们必须遵循简单易学的原则，也就是能在 1~2 分钟内，完成新活动的学习任务，剩下的 10 分钟就是模仿与表现活动时间，还有 2 分钟用于总结和表扬。

如在音乐活动《高高低低》中，为了表现高音的特点，我用高举双手的动作表示，而用双拳下垂蹲下来表示低音的特点，并用钢琴的 do' 和 do 来表示。在熟悉两轮后，我加入儿童喜欢的动物角色，长颈鹿与蛇的对应，大巨人与小矮人的对应，小鸟与小鱼的对应，孩子在各种高低对应的角色扮演中，不断感受音的高与低，到后面的自由表现中，我就成了观众，儿童却成了我们课堂的主人，玩得不亦乐乎，像一群可爱的小鸟一样在音乐活动室里自由飞翔。

二、趣味浓

爱因斯坦说过："兴趣是最好的老师。"是的，小班儿童的兴趣最多能坚持 15 分钟，全神贯注的时间最多 2 分钟，在这两分钟里，我们的活动除了高效，还必须富有趣味性，否则，儿童就错失了最佳习得本领的时间。

在《音乐的开始和停止》一活动中，我借助孩子们喜欢的小汽车司机角色，手握方向盘用嘴巴模拟汽笛的声音，一边手的手腕还绑着"STOP"的标志，当我举起"STOP"标志时，代表前面正在亮红灯，小朋友举双手示意停止。先是随着我的汽笛声在原地表示音乐的开始和停止，接着在原地随着音乐表演两个乐段。就这样，在短短的 2 分钟内，孩子明白了音乐有开始和停止，并且知道"STOP"是代表音乐的停止。这样用生活的情境表现，趣味化了我们的活动任务，较为容易地达成我们的活动目的。

三、游戏化

幼儿园教育应"以游戏为基本活动"。而作为小班的孩子来说，模仿才是他的主要游戏形式。所以我们在游戏活动中，除了重视游戏化，也要理解和运用模仿的方式。

就以音乐活动《高高低低》为例，如果我们不让孩子们模仿动物的姿态，转而换之的是一些别的形象动态，如站着和坐下，用柯达伊音符手势，那肯定是乱七八糟，趣味全无。而加上的是动物的姿态后，游戏开展和延续比较科学与自然，因为这些对孩子来说都比较生活化，都能表演，都能参与到游戏中来，甚至有些还可以超越最近发展区，丰富表演内容和形式。

四、易创编

马斯洛需求论中认为，自我实现是人的最高层次需求。这一需求，是个人潜能的展现，也是每个人作为一种目标的使然。在小班音乐活动组织中，千万别低估了孩子们的创编能力，所以我们要永远相信苏格拉底的一句话："每个人身上都有太阳，主要是如何让它发光。"在《音乐中的开始和停止》音乐活动中，第一次活动后，我发现孩子们兴致还是比较浓的，所以设计了第二次活动延伸课程，主要是活动创编。果不其然，孩子们在第一次活动的已有经验基础上，第二次的创编活动恰到好处，个个都争着抢着出来展示他所模仿的动物形象在音乐中的开始和停止，活动场中的一阵阵笑声，一次次点赞，足以证明孩子的表演非常有趣，非常成功。

总之，教无定法，贵在得法。任何策略的实施，儿童只要能积极参与进来，能不断积累新的活动经验，那我们就要给予足够的支持。作为一线幼教工作者，争取用我们的观察和解读，用我们的理解与支持，助力孩子茁壮成长。

——2021 年 1 月 58 日撰于家中

自主游戏组织与研究的几点体会

【内容摘要】游戏是幼儿园的基本活动，游戏是儿童习得本领的主要途径之一。本文通过自主游戏组织与研究中的心态与观念、观察与解读、理解与支持三个方面进行了阐述，为一线幼儿保教工作者提供有力参考和借鉴。

【关键词】自主游戏 心态与观念 观察与解读 理解与支持

《<幼儿园教育指导纲要（试行）>及相关法规汇编》中指出："幼儿园教育应'以游戏为基本活动'"可见，游戏活动在幼儿园教育中的分量。而游戏，从儿童游戏组织形式来分的话，可分为规则游戏和自主游戏，在某种情况下，这两种形式是相互交替和延伸的；从儿童游戏行为来分的话，则分为玩物游戏、角色游戏、建构游戏、规则游戏。另外，游戏是一种活动，是一种综合性的情境，能够全面地反映出幼儿在身心各方面的发展情况。

何为自主游戏？安吉幼儿教育研究中心程学琴主任曾分享：

自发、自主、自由的游戏活动有着以下六点特征：

第一，不受外在目标控制，是一种内在动机性的活动；

第二，游戏者自主，是一种选择自由度很高的活动；

第三，表现已有经验，是一种力所能及的活动；

第四，注重过程体验，是一种不在意结果如何的活动；

第五，假想的、非正式的，是一种不受评价制约的活动；

第六，体验积极情感，是一种充满安全感、胜任感、成就感的活动。

如何组织？如何评价？这些将是我们永恒的研究课题，经过一段时间的实践和学习交流后，现谈谈几点体会如下：

一、心态与观念

华爱华教授曾强调："只有研究儿童，才能理解儿童。"她还强调，幼儿园教师的专业水平体现在以下两个方面：第一是解读幼儿行为的能力，包含观察幼儿行为，分析行为蕴含的发展；判断发展水平，支持幼儿发展的策略。第二是课程实施中的专业自觉性，包含对儿童发展状态的敏感性发展意识，以及对捕捉教育契机的能动性课程意识。

我们一线的幼儿教师，习惯性小学化的教学模式，或说教和指导策略，所以经常出现"高控"的组织行为，容不得幼儿半点越池，更容不得幼儿不按既定要求活动。记得在一次巡班中，我看到一群幼儿在玩沙，于是我蹲了下来，好奇地问："你们在玩什么？"有人说"堆城堡"，有人说"筑高楼"，有人说"建皇宫"，由于是自主游戏，大家都有着自己的想法，但他们都在不断地向着自己的假想目标行动着、合作着。我说了一句鼓励的话就离开了。但我再次回来和他们交流时，他们的想法就统一了，大声地向我分享"要建一座大大的皇宫"，我们还要建城门和宫廷大院，这时的沙池，已不再只有沙，而加了好多建构游戏的小积木。带班教师也在不断地向我阐述他们的整个过程。这时的我，非常欣慰，因为教师的放手，孩子自主游戏玩出了花样，玩出了高度。试想，如果老师不断地干预，不断地施加自己的想法，那肯定没有这样的效果。我虽然没有陪到最后，但老师说后面越来越丰富了，还加上了城墙、城门、士兵等，同时在皇宫上面加多了很多装饰。可见，我们的放手，我们的观念转变，让孩子发现了世界，我们发现了儿童。

二、观察与解读

儿童观察评价是运用一定的方法收集儿童信息并对儿童的学习与发展状况做出判断的过程。而解读，在我看来则是根据儿童的行为表现，基于自身专业水平，做出研究和判断的过程。这有助于我们理解儿童的行为表现，从而达成支持其往新的最近发展区发展。

在一次培训学习中，我了解到安吉游戏的开展，他们的研究团队是定期根据录像进行儿童游戏行为的解读教研活动，通过自研到共研，共研到再实践和自悟，不断形成自己的游戏组织理念和实施行为，助推儿童健康自由发展。

如上海大学附属幼儿园许翠单老师分享的自主游戏《我看见星星了》中，教师就是一名观察者，一名忠诚的解读者，因为整个游戏过程，教师从不插手儿童们的活动，而是在一旁不断地观察，求证孩子行为的初衷，以及推断接下来的发展方向。就在这样的强力支持下，孩子们切实成功了，喜悦的心情布满面容，成功的喜悦流于言表，让我们身临其境，备受震撼。

三、理解与支持

前面有句话是"只有研究儿童，才能理解儿童"到这里，我延伸为"只有理解儿童，才能支持儿童"。其实这就是一种因果和延续的关系。没有理解，自然就不能捕捉到儿童的即时需要，不会了解他们的最近发展区，就不能理解他们继续往下走的瓶颈在哪里！而当你理解了儿童的行为，自然就会给予力所能及的支持，助推他们的游戏活动继续发展和推进。

在《游戏·学习·发展：全国幼儿园优秀活动案例选编》中《豆芽的故事》案例分享中，在教师发现孩子在做"豆芽"背带时，出现区域材料严重紧缺，游戏到这一环节基本就难以进行了下去。教师观察和理解后，随即在家把自己小孩的背带和一些布料带来幼儿园，并投放在角色区域。就在这样的支持，让儿童能继续他们的游戏。试想，如果没有教师的理解与支持，后面的游戏活动就不能呈现，儿童就不能按照自己的假想进行，这样的后果，将会让我们的儿童失去对游戏的信心，失去自主游戏的内驱动力，极度影响儿童的身心发展和我们的保教质量。

虞永平教授强调："幼儿在自主游戏中，必须有事可做，才能不断深入，幼儿的兴趣才能得到延续和满足。"同时也强调，"幼儿的尝试、讨论、建议，教师的支持和启发，幼儿的努力和坚持，都是真实的、具体的，与特定的任务情景相联系的，指向解决特定的问题。"

所以，自主游戏绝对不是放任，只是放手，用最大程度的自由和最低程度的介入，解放儿童，让儿童有机会最大限度地去展现自身的潜能。这一过程，我们的观念，我们的行为，就起到决定性的作用。最后，本人提出，用我们的观念组织儿童的自主游戏，用我们的观察和解读，理解和支持儿童的游戏发展、行为养成、思维开发、能力提升。

——2021 年 2 月 1 日撰于家中

改变促提升　思考必前行

——2021 年 3 月 11 日《游戏·学习·发展》
读书心得交流活动主题讲话稿

世界著名作家、大思想家斯宾塞·约翰逊曾经说过："唯一不变的是变化本身。"世界万物，都在随着时空的改变而在改变。而我们人也是一样的，特别是我们的教育思想和教育理念。

我们幼儿园原来的培养目标是：

学会生存和生活——学做健康人

学会交往和关心——学做社会人

学会创造和学习——学做智慧人

根据需要和近期的发展目标，我把现阶段我们幼儿园的培养目标更改为：

"开心生活、强身健体、习惯养成、智慧能干、责任担当。"

为什么提出这方面的改变？歌德说过："理论是灰色的，而生命之树长青。"这段时间我一直在思考一种新的管理策略和思想，12 个字："择高而立、贴地而行、落地开花。"现提出来，让各部门和一线老师思考落实和执行。简单解释如下：

择高而立——站位高，目光远。

贴地而行——基层化，接地气。

落地开花——能操作，出成果。

我认真学习了江苏省锡山高级中学唐江澎校长谈到的"好的教育究竟什么样？"，提炼到以下心得体会："教育就是培根、铸魂、启智、润心，努力让孩子们做终生运动者，责任担当者，问题解决者和优雅生活者！"

教育局领导在一次交流中，提出十字方针育儿经："责任、信任、鼓励、帮助、耐心"，16 字基本技能："提笔能写、开口能讲、遇事能办、问策能对。"其实，这也是我们每一位教职工和社会人应该具有的品质和能力，实实在在，简单凝练，作为教育者的我们，必须深刻认识和领悟，这就是我们的孩子未来应该达成的目标，应该具备的能力。

现共勉以下三点工作和生活基调：

第一，做勤于思考的实践者。

第二，依靠学习，走向未来。

第三，成人达己，成己为人。

伙伴们，"学而不思则罔，思而不学则殆。"我们必须谨记以上三句话，做一名研究型的教育者，做一名对得起教师称号的教育者，做一名有时代担当的人民教育者。

让我们携手共进，用心用情，让孩子们在二幼这块肥沃土地上茁壮成长，开花结果。我的讲话完毕，谢谢大家！

——2021 年 3 月 10 日撰于湛江市第二幼儿园园长办公室

课程建设之我见

在这希望的春天里，我们欢聚在深圳市龙华区鸿尚幼儿园进行为期 2 天的跟岗学习。在学习中我们探讨交流了诸多问题和实践做法，其中课程建设方面，我们虽然没有敞开来谈，但我们却非常期待交流与共进。现基于个人理解和实践，分享几点浅见如下：

一、依据。我们的课程，可以是国家课程、地方课程、园本课程，但不管怎样，都得依据相关文件来制定与开发，如《3~6 岁儿童学习与发展指南》《幼儿园教育指导纲要（试行）》等。

二、条件。作为课程，必须体现其教育价值，用我们的理解或社会广泛期盼来解释的话，就是儿童是否获得"新的体验"和"成长"。基于这样的目的，我们还得从幼儿园的发展需要出发，根据自身师资特点，自身财政实力，进行科学选题和设计，其间需要定期培训，集体研发，让教师团队齐头并进，挽手前行，都能成为课程建设和开发的个体，都争取成为我们园本课程建设的主人和参与者。

三、途径。课程的开发，是目的，是方向，但它需要多措并举，经历一定的实践、反思、总结过程，用我国著名教育家陶行知先生的话来说就是"教育是农业，而不是工业。"所以我们为了检测和提升课程适应性、广泛性和科学性，需要展示交流，需要多元立体，甚至需要特别的手段进行促进，如以赛促研、以研促教等。

四、成果。我们经常说："教而不研则浅，研而不教则空，研而不成文则失。"这就说明我们的研究需要形成最后的成果，需要形成文字和成型的课程体系、案例，为后续的研究和提升提供依据支撑。众所周知，课程的开发，特别是园本课程的开发，需要的是让我们的课程更具意义，更具特色，更具园本性，所以需要看得见，摸得着，需要一定的显性成果，这虽说有点物质化，但也是一种对教师研究成果的尊重，毕竟这些都是大家用汗水和智慧浇灌出来的果实。可能比较稚嫩，甚至不成熟，存在诸多瑕疵，但我们成果化后，也许就是再次完善和提升的开始，这时的主人，就是教师、孩子、家长了，"要我研"到"我要研"就会奇迹般地从这里起航。

课程特色化，特色课程化。课程开发与建设永远在路上！

——2021 年 3 月 22 日撰于深圳市龙华区丽枫酒店

最需温度的人群在哪里

这段时间，由于我想不断夯实青年教师成长月活动内容，落实"走出去请进来"教师培养策略，经领导批准，我安排了全园 34 位教师，分三批到深圳跟岗学习。再次期间经历的几件事，让我对"最能感受温度的人群在哪里"产生了兴趣，于是打开电脑，留下即时的感悟。

温度的输出，来源于政策，来源于上级，也来源于同行和下级，哪些人群最需要温度？本人觉得是每一位管理者都需要思考的课题。

一、领导需要有温度。在这繁杂的日常工作中，我们作为领导，需要给予各位伙伴足够的温度。因为他们的工作是默默无闻的，他们的汗水是具有担当的，他们的参与，他们的倾情，是我们做成每一件事的根基。不积跬步，无以至千里；不积小流，无以成江海。正是因为他们的点点滴滴，书写了我们恢宏壮阔的事业篇章。而这些人，需要我们的温度，需要我们的关心，需要我们的关注，更需要我们的尊重。今天是第一批跟岗教师，共 12 人，这样的一个小群体，其中有 4 位教师从教 5 年来，从来没有走出园门，从来没有机会走进第二间幼儿园去学习，去跟岗和了解，只能看着我们朝夕相处的同事，能模仿的模仿，模仿不了的，就自我探索，可以说既没有理论支撑，也没有实践指导，何来成长？可见我们的温度有多重要。

二、同伴需要有温度。每一位工作伙伴，都是我们的合作对象，我们需要相互打气，需要相互谅解，需要彼此抱团，需要彼此的温度。这样的温度，其实就是彼此的团结，彼此的润滑剂，彼此的融合，用温度互送形成大同团队，和谐共生。试想，如果每一位教职工都懂得关心他人，彼此懂得感恩，彼此都记住他们的好，并大方给予点赞，试想这样的温度传送，是多么温馨，多么和谐，多么让人欣慰。

三、弱势群体需要温度。我们每个团队，都有一批亟须我们关心和帮助的群体，如生活遇到困难的，刚入职不久的，或刚经历挫败的，这时如果他能得到你的温度，真的就像久旱逢甘露，能滋润他们的生命，使他感受人间的真爱，否则，真的可能会让他觉得人生末日，萎靡不振，多么可惜。所以，作为管理者，原则是要讲，但职工的健康和快乐更重要。

总之，温度无处不在，无处不需，希望我们都能输出我们身上的温度，温暖他人，滋润他人，和谐人间。

——2021 年 3 月 23 日撰于深圳市龙华区丽枫酒店

我思故我在　我在故我思

——2021年4月1日广东省雷州市龙门镇中心园主题讲话稿

上午，本人很荣幸受邀参加今天的湛江市示范园龙门镇中心幼儿园的教育研讨活动，活动共展示交流两节课程，一节是语言，一节是数学，观摩与评课议课后，我进行了"我思故我在　我在故我思"的主题讲话，具体内容记录如下：

一、理念：做一名勤于实践的思考者

《3~6岁儿童学习与发展指南》中的12字真言"直接感知、实际操作、亲身体验。"告诉我们，孩子作为活动主体才是最主要的，具体体现孩子的实际操作，才是我们的主要途径。记得意大利幼儿教育家蒙台梭利讲过："我看过了，我就忘了。我听过了，我就记住了。我做过了，我就理解了。"这同样强调的是做的重要性。大人是这样，何况是小孩呢！因此，我建议大家做一名勤于思考的实践者，在实践中思考，在思考中前行。

二、途径：依靠学习，走向未来

学习是永恒的旋律。向书本学习，因为一本书就能为你打开一扇窗；向朋友学习，选择一位朋友就是选择一种生活方式；向实践学习，没有实践，就没有说话权。建议大家，要坚守岗位，坚定自我，坚持学习，不断走向属于自己的未来。

三、策略：依托课程建设，引领全园发展

课程是教育活动的主要载体。我们作为乡镇幼儿园，必须秉承"课程特色化，特色课程化"的课程建设理念，因为别人的永远是别人的，只有园本的课程，才能让教师们得心应手，儿童们收获成长。不断探索"主题课程化，课程立体化"的建设内涵，把日常幼儿园的工作主题化、立体化，让儿童在其过程中进行真学习，收获真成长。努力做到儿童在哪里，课程就在哪里，问题在哪里，课程就在哪里，切实依托课程建设，引领全园发展。

四、思想：择高而立，贴地而行，落地开花

我们作为决策者，尽量择高而立，也就是站位高，目光远；必须贴地而行，就是接地气，基层化；力争落地开花，就是具有可操作性，富有成效。作为教育管理者，我们每个人追求的教育图像应该是球体，既让人看得舒服，也要让其内部充盈丰满。

一个人跑得快，一群人走得远。希望雷州市这个幼教研究共同体在"奋斗百年路，启航新征程"的时代快车道上行稳致远，开满鲜花，续写幼教人的诗与远方，情怀与梦想。

——2021年4月1日撰于雷州市凯兰特酒店

前行路　幼教情

——2021年4月1日广东省雷州市英利镇中心园主题讲话稿

下午，我们马不停蹄地赶赴英利镇中心幼儿园参加湛江市示范园的教育研讨活动，活动共展示交流两节课程，一节是语言，一节是数学，观摩与评课议课后，我进行了"前行路　幼教情"的主题讲话，具体内容记录如下：

一、方式：游戏是幼儿园的基本活动

《幼儿园教育指导纲要（试行）》中明确提出："游戏是幼儿园的基本活动"。是的，游戏是我们幼儿园的基本活动，主要教育方式和途径从参与方式来分，它可以分为规则游戏和自主游戏，规则游戏也叫高结构材料游戏，自主游戏叫低结构材料游戏。这两种游戏活动，形成两种学习方式，一个是自下而上，一个是自上而下。"自下而上"指的是儿童自己发起的学习活动，儿童为主体，兴趣浓厚，内驱动力强。而"自上而下"指的是教师高控下的活动，主要是由教师发起提前设计好的活动方案，活动形式固定，儿童参与积极性一般不是很高。

二、课程：目标需要与相应生活情境相衔接

现在普遍存在一种现象："孩子理解不了逻辑思维题，知识性的传授讲完就忘记了！"这一现象的出现，主要是我们的教育活动脱离了孩子的现实生活，所以没有产生有效的化学反应。

我国教育家陶行知先生曾发表自己的教育观："生活即教育，社会即学校，教学做合一。"

美国教育家杜威提出自己的教育观："教育即生活，教育即生长，教育即经验的改造。"

我们经常说，一日生活皆课程，要求的就是儿童在幼儿园的一日生活，都视为课程资源，以课程的高度进行实践与探索，形成教育途径。所以，本人认为，儿童在生活性活动中，能产生新体验，收获新成长，我们就大胆沿用和研究。

三、检测：行为表现是评价教育成效的主要途径

中小学和幼儿园的专业特殊性存在极大差异：

中小学——以课堂为基本活动，如何教会学生我们想让他们知道的知识。评价方式就是考试和做作业。

幼儿园——以游戏为基本活动，如何用我们想要儿童知道的知识，去检视他们的行为从而支持其达成。评价方式就是行为表现。

可见，儿童的行为表现，是学习成效达成的显性效果。当我们从知其然到知其所以然

的时候，就是一种从实践到理论的飞越。

教研永远在路上，情怀需要长相守。只要我们依靠学习，努力合作，定能收获希望。

最后，分享两句勉励名言：

"莫疑春归无觅处，静待花开会有时。"不要为错过的春天而感到惋惜，只要努力耕耘，静心等待，明年的春天，一样还会绽放。不要认为自己已经40岁、50岁就可以得过且过，应该还要继续奋斗，等待青春之花再次绽放。

"追风赶月莫停留，平芜尽处是春山。"激励我们奋力拼搏，勇往直前，不要流连沿途上的鲜花和掌声，坚持不懈，超越自我，春山就会在平芜的尽头。

——2021 年 4 月 1 日 撰于雷州市凯兰特酒店

研究催生活力　参与方知苦甜

——2021 年 4 月 2 日雷州市杨家镇中心幼儿园主题讲话稿

基于半天的观摩与交流，现针对研究这一项工作进行分享交流如下：

苏联著名教育家苏霍姆林斯基有句名言："如果你想让教师的劳动能够给教师带来乐趣，使天天上课不至于变成单调乏味的义务，那你就应当引导每一位教师走上从事研究这条幸福的道路上来。"也就是说教研才能让教师们体会到实实在在的幸福。

现如今，我们不再提"授人以鱼，不如授人以渔"，转而提出"授人以渔，不如授人以'欲'"。也就是说一个人的欲望比什么都重要。

那如何让研究落地，催生动力？下面先来了解研究中的一种常见方式，就是课题研究。

课题研究，从类型大小来分的话，分为小课题、一般课题、重点课题、一般项目、重点项目。个人认为，从研究区域大小来分的话，可分为班本研究、园本研究、地方研究；从研究方向来分的话，分为学科、管理、生活版块、教法、学法等。

课题研究的途径有理论研究、实践研究、策略研究、案例研究等等。

课题研究的成果呈现有著作、论文、案例、叙事、录像课例、调研报告、实践报告等。

可能有伙伴们听后觉得我连课都没法上，哪有时间搞研究？基于这一点，我想引用一句话："我们不能因现实复杂而放弃梦想，也不能因理想遥远而放弃追求。"所以我们每个人都必须心怀梦想，勇往直前，万一哪天就能实现呢！

基于这一点，我想重点讲讲幼儿园教师的专业能力。幼儿园教师专业能力主要有观察儿童行为，正确解读儿童行为，理解儿童的行为，从而支持儿童的行为达成和前进。所以，我建议大家一定要用研究的心态投入工作，用发展的目光观察儿童，从中享受儿童成长带给我们的快乐和幸福。

我曾经写过一篇短文，标题是《研究的味道》，其中强调，研究的味道是甜蜜的，因为研究给我们增强自信，收获成长，助力前行；研究的味道又是苦涩的，因为研究给我带来了乏味、孤独、无奈，甚至是绝望等等。但只有你熬得过"春天前的严寒，黎明前的黑暗，"也会迎来春暖花开，柳暗花明又一村，拨开云雾见青天，一览众山小。

最后，我想强调：世界上经常出现无心插柳柳成荫的奇迹，也会出现"你若盛开，蝴蝶自来"的奇妙，机会永远留给有准备的人。希望我们在座的每一朵幼教之花，都能争相开放，鲜艳耀人，把幼教田园装扮得更加美丽宜人。

——2021 年 4 月 2 日撰于湛江市第二幼儿园园长办公室

做一名"真学习"的跟岗者

——试谈教师跟岗学习学什么

学习的方式有很多很多，其中一种叫跟岗学习，并且近期还比较流行，各种机构和学校纷纷组织和实施，旨在让教职工和各层次的教师通过这一方式，得到应有的成长和改变。

跟岗学习，就是在计划时间里，通过下到指定班级或个人，进行长时间的随班和交流，从而更深层次地了解他们的教育思想和策略，让自己从中得到启发，从而改变自己原有认识，助力自身全面发展。

那跟岗学习究竟是如何才能达到预期目的呢？有什么秘诀吗？

现基于自身的实际，谈谈本人的体会和看法如下：

一、看文化。文化是一所学校和幼儿园的精髓，是团队合作和智囊团们智慧的结晶，可以说是立园之本。这一块，体现在他们的环境建设、活动设计、团队培训、成果提炼等方面。我们跟岗学习，看文化，就是看他的展示和目前已经做了什么，已取得什么效能，未来还有哪些方面需要继续深入，等等，从而让自己不断提升认识和智慧。

二、悟思想。教育思想，是每一位教育管理者的梦想，也是他一直用行动来诠释的主心轴，我们需要去领会，去探究，甚至去寻找共鸣和共情。思想，是一所幼儿园的发展方向，有可能看不见，摸不着，有可能需要不断调整和优化，但它的提出和践行，却是幼儿园全面工作的主要依据，主要参照物。作为学习者，我们从走进一家幼儿园开始，就要融入他们的建园思想，从而寻找夯实这一思想的蛛丝马迹，日常行为，只有这样，才能产生与建设者相向而行的思想和情感，才能感悟到某一教育思想提出的缘由，实施的过程，获得的成效，特别是整体教育的成效。

三、研策略。跟岗学习，最大的优点就是能和同行促膝相谈，可大可小，非常接地气，因为它打破了原来的一对多，而形成了现如今的一对一，或多对一，这样的交流是卓有成效的，也是可以不拘细节的。我们经常说，"条条大道通罗马"，也经常说，"仁者见仁，智者见智"，可就是这样跟岗的方式，才能切实实现现如今追求的"1+1大于2"，或"1+1等于N"的目标。这个时候我们把看到的策略，了解到的课程建设，产生的疑惑，和执教者交流，产生的是即时的思考，引起的是全方位的共鸣和共情，针对既定问题，得到了有效讨论，形成了新的认识。

四、勤感悟。学而时习之，不亦乐乎。学而不思则罔，思而不学则殆。教育家们留下的千古真言，真的就是良药！真知！把看到的结合自身的疑惑，产生即时的思考，这时的你，是一种"真学习"的状态，而不是人云亦云，随波逐流。如果你把这样的感悟记录下来，加上一定的思考过程、分析和小结，将会是自己教育水平和思想的内化提升。现阶段，大家经常提及幼儿"真学习"，却没提及我们教师的"真学习"和"真研究"，所以，我借此机会，说说我认为的"真学习"和"真研究"：有过程，真情景；勤记录，敢思考；多交流，细总结。这样的程序下来后，你才会对学习和研究的内容根深蒂固，铭刻于心，就会产生一定程度的化学反应，因为你是真走过，真悟过。

学习方式千千万，但适合自己的才是最重要的；学习机会时时有，但好的学习心态方能出成效。

希望大家做一名"真学习"的跟岗者，"真研究"的教育者！

——2021年3月24日撰于深圳市龙华区丽枫酒店

阅读重在"感悟"和"共情"

——2021年4月23日《3~6岁儿童学习与发展指南》案例式解读分享会讲话稿

阅读是人类生活的主要方式之一，也是我们增长见识、提升专业素养的主要途径之一。那如何进行有效阅读呢？在我看来，重在"感悟"和"共情"。现试谈以下两点体会：

一、感悟

我们经常说："读万卷书不如行万里路，行万里路不如阅人无数，阅人无数不如名师指路，名师指路不如自己感悟。"最后的落脚点就是感悟，可见感悟才是我们学习的最佳途径。是的，"理论是灰色的，生命之树常青。"任何专家的理论，都是基于他的经历而提出来的，可以说是他的经历，而不是我们的经历，有参考价值，但未必有使用价值。所以我们必须基于个人实践，站在巨人的肩膀上，走出适合自己发展的路径。

感悟什么呢？分析作者的编书结构，深挖作者的主题思想，体会字里行间的感情色彩，领略作者的教育理念，研究案例所诠释的和策略思考的方式，等等。

基于案例思考案例，基于思想洗礼思想，基于策略领悟策略，不断深化与内化，优化自己已有的思考模式，服务日常工作开展，助力自身素养提升。

二、共情

共情，是一种经验与经验的交融和碰撞；共情，是情感与情感的共鸣和融合。

阅读书籍，不能只是机械重复，不能只是一种思想的负担，而应该是精神世界的共存，情感流露的共情。

如果你把自己置身作者的世界，你会发现情景出现的自然之美，策略研究的科学之妙。如果你把自己的情感融入作者的情感，你会产生同样的情感邂逅，产生身临其境的美好。这样长时间的洗礼与共情，你就会是多种思想的融合体，个性张扬的发光体，幸福工作的独立体。

总之，一路前行一路感悟，一路感悟一路成长，一路成长一路幸福，希望大家能调整心态，让书香伴成长，让成长酿幸福。

我的讲话完毕，谢谢大家！

——2021 年 4 月 23 日撰于湛江市第二幼儿园园长办公室

自主游戏的组织与实施

——基于市二幼安吉游戏案例分享的思考

5 月 17 日，我们进行了两场自主游戏案例分享，为什么说是两场，而不用两个，是因为它们根本都不是一个案例，是多个案例。鉴于此，我基于他们的实践分享，进行了自主游戏组织与实施的个人思考分享，以便日后在分享和实践时，有更强的方向性和方法性。现记录如下：

一、案例分享。所谓案例，其实就是一个有着一定主题，思想内容或线条表现比较集中的实践过程呈现，并加上自己的解析与思考。而这一次，陈老师共分享了 3 个案例和场景，所以体现出来的不是特别深入，只能是蜻蜓点水，有点无线，有线无面，这样的呈现就是一种机械的呈现，没血没肉，缺乏感染力。王老师的分享也只是一种过程的再现，虽比较详细，但缺乏研究着力点，提炼亮点，整体比较泛泛，看完我们就忘记了！所以，我在总结时强调，我们的自主游戏案例分享，不能求全，而是求精，通过一个游戏的过程，向大家呈现由点到线，由线到面，不断深入的过程，这一过程，有儿童的行为，自己的思考，以及儿童能力提升的体现。

二、自主游戏的组织与观察。自主游戏，是有别于规则游戏的另一种游戏形式。按照其特点及本人的理解，具体过程可分六步：

第一步，主题形成。这一步是儿童自由玩耍，主题呈现之前儿童是不知道会玩什么，如何玩，玩到什么程度，具体的主题是到结束之后，回溯才能决定下来，这就是一种自主的体现，一种学习过程的体现。

第二步，行为记录。这一步是教师对儿童行为的记录，这时的记录是机械记录，可以是文字，也可以是短视频或相片。同时这一步，我们教师是以观察者的身份在游戏现场的旁边，如看到或发现有价值的儿童行为和建构成果，如听到儿童相互之间的语言沟通等。这一环节，我们如发现有疑问的地方，或需要进行进一步求证的儿童行为和语言交流，是可以实地交流和对话的，以便了解和记录他们的行为目的。

第三步，游戏小结。这里我们可以是绘画的形式，也可以是语言的形式，加上我们的相片或视频记录，不断引领孩子们从实践走向理论，一定程度支持孩子的游戏继续发展。

第四步，行为解读和教研。这一步是最为重要的，是让我们的观察和记录，不断形成一条线，不断从观察走向思考，从思考走向成果。这一步，我们需要面对已经发生的过程，进行自我思考和研修，梳理出比较合理和理性的线条，也可以进行小组教研，对着相片和视频解读儿童的行为，让儿童的行为通过我们的解读，变得合理，变得有血有肉，让我们从游戏中发现儿童。

第五步，理论提升。这一步是我们的终极目标，通过不断研究儿童的这些行为所体现的是哪种能力的提升，有助于我们发现儿童的最近发展区，有助于我们下一步的支持计划，因为这样的提炼和原理形成，是最能体现教师专业素养和解读能力的，也是我们自主游戏能顺利前行的保障，不然一切就只会停留在实践的表层根本落不了地，形成不了科学的理论。

第六步，总结反思。这是教师专业发展的必经之路，因为且行且思，方能且行且长。这一步，主要针对我们的组织形式、组织办法、个人理念、教师角色、活动引领、材料支持、评价手段、交流模式等方面，而不是简简单单的几句官话套话。

三、个人点滴思考。这一学习模式，我们必须有一颗静待花开的心，不能操之过急，不能缘木求鱼，而是需要我们脚踏实地。我们需要潜下心来，不断推行安吉游戏本土化，安吉游戏园本化，让这一模式慢慢渗透到每个人的心中，包括管理者、执教者、学习者，多位一体，多元融合，形成实践共同体。同时需要持之以恒，需要与时俱进，需要共研共讨，需要形成合力，需要形成共识，极力构建一个全新而固定的学习研究共同体。正所谓："修剪的树木，生长得又直又高；齐心的人们，团结得又牢又固。"

学习永远在路上，教研更是永无止境。希望自主游戏之花，能在二幼肥沃的土地上璀璨绽放，繁花似锦。

——2021 年 5 月 19 日撰于前往佛山学习的路上

试谈教师校本研修自我认识

——聆听广东省中小学校长培训中心培养基地领航校长
办学实践创新成果研讨会后体会

教师校本研修，按相关专家的分享和提议，应该是动态的，不同时期基于不同需求而开展的活动，是学生成长、教师成才的有效途径之一。

很荣幸成为广东省教师校本研修示范校培育学校，基于这一平台，我前期也进行了潜心思考，和今天的案例分享有相近之处，也有很多需要改进的地方。现基于自身认识和园情特点，谈谈几点教师校本研修领域的理解如下：

一、视野研修。学习方式千万种，但能拓宽眼界的研修，对提升自身修养非常高效的，本人认为就是"走出去请进来"、自我研读专著等策略，这样的动静结合，远近相融，能让你超越常规去思考自己的教育定位，去决定自己的执行策略，去实施自己的教育行为，让成果更加接地气，更加符合时代步伐和气息。

二、能力研修。任何工作和学习，除了是完成任务，义务性地让结果合格外，其实过程才是能力形成的主要环节，也就是说在实施过程的思考与观察，策略的研究与抉择，成果的整合与提炼，都能让执行者得到应有的历练和成长，达到能力提升的最终目的。用我经常说的一句话："工作是做出来的！"

三、诊断力研修。研修的过程，其实就是解决问题的过程，审视问题的过程，诊断问题的过程，这牵扯到的是一个人情商智商的问题，牵扯到的是对问题敏感度和捕捉能力的问题。

那在研修过程中，该研修些什么？方向在哪儿？基于学习的理解，应该涉及以下方面：

一、实际问题。找出单位现阶段出现的问题，深挖问题出现的原因，研究出解决问题行之有效的方法，能切实达到目的和提升学校高质量发展。

二、发展愿景。每所学校都有近期发展的目标，我们要把阶段性目标分成几步，甚至细化到每年、每月，如每年的实施内容与步骤，对标付诸实践，既容易完成任务，又能让实践者看到希望，享受工作带来的幸福。经过一段时间后，就能自然而然实现自己的发展愿景。

三、教育价值。我们每一个团队，都会制定出自身的教育目标，如我们幼儿园就制定了近期的伴育目标：开心生活、强身健体、习惯养成、智慧能干、责任担当。这就是我们的教育价值，需要在每日生活中实现，需要一线教师进行个性理解，融入日常教育活动中，在潜移默化中实现，并达成最终目标。

专家指出教师校本研修有着以下要求：研究内容的可针对性，过程的参与性，解决问题的建设性，主题活动的延续性和深入性，关注过程的生成性，理论与实践的融合性。这给我们在实施过程中指引方向。

综上所述，本人认为，教师校本研修的有效性体现在教师个人能力的提升，思想认识的提高，以及校本研修亟待解决问题的处理，形成新型校风、研风、学风等，用特色引领发展，以成效助力研修前行。

——2021 年 6 月 26 日撰于家中

青年教师培养策略的思考

偶然的机会，看到一所幼儿园分享他们青年教师的培养，以及学期总结美篇。我是又高兴，又陷入沉思。高兴的是因为看到了同行们的积极性，也看到了已有一定的成效。思考的是这样的教研活动，永远飘在底蕴的表层，下不了地，扎不了根，开不了花。

教师培训，是幼儿园管理中比较重要的领域之一，特别是青年教师的培训。如一幅画卷，怎么调色？怎么勾勒？怎么呈现？都值得我们好好深思。是胡乱涂一把，还是精雕细琢，需要系统的构思和技巧。

基于以上的分析，我谈谈两点个人的看法：

一、勾勒好点线面。培训管理，重点在系统和可持续性。面指的是终极目标，线指的是路线，点指的是具体事件和活动。我的管理理论是"择高而立、贴地而行、落地开花。"教师培训需要系统性，梯队性，目标性，平时的星星点点，虽有作用，但只是蜻蜓点水罢了！发挥不了大作用，没有具备可持续性发展的效能，到一定的时间，就会出现倦怠，而且是致命的，到时，一切就会归零，失去公信力。所以，我比较提倡，要出任何策略之前，好好想想你做这件事的最终目标，或者说是宏观的目标，定好目标后，就要设计好达成目标的策略和线路，然后就是如何通过各项活动进行夯实。如果科学有效的话，在一定时间内便能获得一定的效果，赢得大家的信任和支持。

二、把准因园制宜。任何的决策，决不能缘木求鱼，或带有无能为力的强加，那样的话，会适得其反的。这里就牵扯到自身的能力问题。跳一跳就能摘到苹果的哲理，到哪里都是适用的，也有一种是传承发展和创新。不管哪一种，都需要人来执行，土壤来培育，如果你离开了园本资源的调研，园本资源的诊断，是行不通的，同时也是徒劳的。因此，我提出因园而异。自己跟自己比，今天跟昨天比，这样的循序渐进，你也许没有察觉，但当你回头再看时，已是崭新的你。正如一句话所说："适合才是最重要的。"

任何事情，仁者见仁，智者见智，但不管怎样，自己必须要有自己的思考和洞察力，否则一切都会随着时间的推移而被风化。

青年教师是祖国教育的未来，园本开发的主力军，我们需要想方设法调动起大家的积极性，同时用自己的智慧进行整合，形成 1+1 大于 2 的成效，切实助力他们的成长，助推单位自身的发展和教育目标的实现。

——2021 年 7 月 20 日撰于湛江市第二幼儿园园长办公室

第四部分　幸福教育　研修为本

学而时习之，不亦乐乎。

研修是教师进步的阶梯。

研修是教师永恒的课题。活到老学到老是教师队伍真实的写照。

一辈子做老师，一辈子学做老师。

鉴于此，研修便成了教师的主旋律。笔者难能可贵的，除了积极研修外，还把研修的过程、收获、感悟、共情，以文字形式保留了下来，用怡人的墨香杜绝"研而不成文则失"的遗憾。

与智者同行

与智者同行，与智者共长。

很荣幸受邀和花都区名校长谭校长交流建校理念和教育思想，感觉自己又学到了新知识，具体观点和收获记录如下：

一、我们都是教育者，不是保育员。我们幼儿园的教育，保育和教育都是重点，但在谭校长看来，教育才是我们的主要目的，所以大家要注意落实这一主要任务。虽然他没在幼儿园工作过，但基于他的认识和经验，认为教育永远是我们各阶层受教育对象的重点。

二、儿童智力开发是我们的主要任务。在他看来，儿童智力开发才是我们要做的工作。他认为，儿童到了义务教育阶段，重点突出的是知识的习得和积累，专门的智力开发课程根本不设立。智力开发这方面的任务，重点就落在幼儿园，因为幼儿园时期的儿童，没有家庭作业，幼儿园的一日生活就变成他们习得本领的主阵地，并且是在潜移默化中练就的，特别是区域活动中的各种各样的拼搭玩具、建构游戏玩具等。

三、守住清廉，就是守住岗位。清廉是一面旗帜，可以让你在职场上驰骋。清廉是一面镜子，可以让你保持着清醒的头脑服务教育教学。近段时间，在党史学习教育内容中，提及"想干事、会干事、干成事、不出事"，强调了我们各位党员干部，在做事的同时，一定要不出事，否则，功不抵过，依然保不住岗位。

四、不求孩子记住您，但求家长记得您。孩子还小，他们是不会记住我们教师的，但如果我们做得好，家长会记得你。这一现象，还是比较普遍的。有些幼儿园教师，总在抱怨，"我的工作，在儿童幼儿园毕业后，就忘了，长大后再见面的时候，连招呼都不愿打，不像初中、高中，太没存在啦！"基于这样的情况，我准备在各种会议上，都要不断阐述上述观点，让我们的老师认识到我们的工作，有其特殊性，儿童年龄比较小，不记得是很正常的，但如果做得好，儿童的家长还是能记住我们的。

五、跟踪调查一个小孩 15~25 年。陶行知先生曾经讲过："教育是农业，不是工业。"是的，教育是一种过程性活动，要想证明你的策略科学性，你的成果高效性，需要我们长时间跟踪、验证。所以，我将为我的教育梦想不断奋斗，不断探索，也许这一项将是我成为教育专家的必经之路，所以须做好规划并给予重视。

——2020 年 8 月 14 日撰于家中

学习永远在路上

——园长资格证培训学习心得

"依靠学习，走向未来"学习永远在路上。通过本次培训，我深深感受到其中的真谛。现谈谈本人学习后的几点感悟如下：

一、安全的乐园。幼儿园的管理，由于对象的不同，有别于中小学。这里安全是重点，食品安全、设施设备安全，都是我们管理者必须关注，且需要用心做好的领域。没有了安全，一切都免谈。试想一下，只要有一件安全事故，它牵动的就是几百位家长的心，影响着千家万户的日常生活，引发的社会舆论更是巨大，所以守好安全这扇门，我们才有资格说快乐建"乐园"。

二、特色的家园。文化是教育人的潜在元素，是让孩子们学会学习、学会交往的方式，我们的幼儿园应该是主题明确，特色鲜明的文化场所，让幼儿在耳濡目染中成长，学会做人、学会学习、学会交往。

三、展示的美园。自我实现的需求是马斯洛需求论中最高层次的阶段，我们应该努力为孩子们搭建广阔的个性展示平台，达到人人都有表现的平台，人人都在学习中、成长中、表现中得到肯定，毕竟世界上每个人都渴望得到肯定。

四、成长的花园。成长除了智力成长，我们幼儿园还承担着身体的健康成长，所以我们每一位幼儿园管理者，需要完善营养配置科学系统知识的学习与拓展，落实保育高效科学，让幼儿在成长方面切实得到保证，并给予公开，让社会知晓并赢得认可，给孩子们提供一间开心美丽的花园。

五、青睐的学园。我们都是社会的一员，社会的个体，不能独善其身，更不能孤芳自赏。这就需要我们建设一所能让社会、家长们认可的幼儿园。幼儿开心、家长安心、领导放心、教师倾心就是我园追求的目标，也将是永恒的目标。

学习永远在路上。以上只是我在培训过程中的点滴感悟，虽然不是特别具体，但却能让我在实践中有了自己的思路，下面谈谈培训后对我管理和建设一所幼儿园的几点促进：

（一）确定了校园文化建设的方向："小乐园，大世界。"缘由是我的幼儿园比较小，占地面积才1331.9平方米，四层楼，如何把文化建设贯穿日常教学，让孩子们自然接受本土教育，经过班子会议、行政会议商议后，决定了这一主题，现正在逐步落实。

（二）确定了"幸福"的教育主张："幸福"教育主张。基于我们的办园宗旨："幼儿开心、家长安心、领导放心、教师倾心"，我们经过研究决定推行"幸福"教育主张，一切工作从师幼幸福为出发点，运心而行，围绕这一主题，组织建立《幸福二幼》月刊，拓宽辐射平台，不断探索教育主张运行机制。

总之，学习永无止境，没有尽头，也没有终点，所以，我需要不断地留下我探索的轨迹，学习的顿悟。

——2020年9月19日撰于徐闻县

保初心　多交流　本土性　特色化

——共同体项目中期汇报及华子荀博士讲座纪实

金秋十月，硕果飘香。

10月13日下午，我们《STEAM活动室与微课应用共同体》课题组也迎来收获，组队到市教育局参加项目中期汇报工作及专题学习，满怀激情，硕果累累。现记录如下：

课题汇报反馈：聆听了我的汇报后，华博士提出了修改意见，一是我们要让STEAM课程中国化，聚焦幼儿能力培养，注重幼儿综合能力的发展。二是保持初心，加强和幼儿心与心的交流，探索共同协同的办法，突破界限，拓宽实践研究的意义。三是我们的研究要本土化，基于常规课堂去研究，减轻工作量，同时保证效果。

专题讲座学习：汇报结束后，华博士进行了专题为《实践共同体理论成果的提炼方法与项目策略》的讲座，向我们分享了他的几点经验：一是设计，应包括背景—意义、做法—创新性、过程—细节、结果—科学性、结论—理论意义和实际意义。二是我们希望后续呈现的STEAM课程是：S-科学理念（科目知识点与实际问题相联系指明科学原理）；M-

数学理念（探究确定的科学原理，以数学公式进行表达）；E- 工程理念（通过实验项目探究科学原理，利用虚拟的工程过程再现科学现象）；T- 技术理念（利用技术手段制作作品，深化学习知识内容）；A- 人文理念（通过赋予作品以人文理念，提高学生人文情怀）。三是理论提炼的办法，是站在多个巨人肩膀上的理论假想，形成自己的理论，具体有经验型模式构想、框架型模式构想、政策型模式构想。

通过以上的汇报和学习，我初步有了自己的理解，现谈谈以下几点：

一、广角度。我们的研究应该把角度放广，不能局限于本园、本区、本市，要走出禁锢，寻求大辐射，形成高效多元的共同体。

二、立本位。我们的研究要立足本位，基于日常工作，又高于日常工作，这样才能可操作，行得稳，走得远。

三、出特色。特色建设，永远是我们研究的课题，我们需要立足现有资源，丰实本位建设，拔高特色建设，形成共同体较为靓丽的一张名片。民族的就是世界的，换句话说："园本的就是区域的。"

四、精提炼。提炼是课题成果显性化的主要途径，我们必须夯实这一主题化的日常研究工作，精心提炼出属于我们的经验，进行分享与交流。

五、重融合。基于研究的需要，融合是这一研究的重点工作和理念，我们必须紧握这一根绳，贯穿始终。

总之，研究和学习永远在路上，我们必将戒骄戒躁，潜心请教，聚心研究，争取在本项研究中出成果，同时提升我们团队的研究能力，为后续的发展与壮大积累经验。

追风赶月莫停留，平芜尽处是春山。伙伴们，加油！

——2020 年 10 月 13 日撰于家中

对幼儿园课程的认识

——参加学习的体会

根据安排，我们还是继续在赤坎环球酒店进行园长班学习培训。培训主要安排了两个课程《STEAM 教育在幼儿园教学中的应用》和《幼儿园课程游戏化》。经过一天的学习，我对幼儿园课程有了进一步的认识和体会，具体如下：

一、STEAM 教育的应用课程。目前，大家对 STEAM 课程还是没有最终的定论，只是推出它是一种学习方式，课程构成途径，包含科学、技术、工程、数学、艺术五个学科，是以学科融合、跨学段、自主学习探索为主的学习方式，它主要是引用于美国的 STEM 课程。经过聆听，我有了三点认识。

第一，五学科的位置。这五个学科，其实是相辅相成的，其中科学指的是现象，一种自然的科学现象；技术是方法，一种探索和解决现象的方法；工程是探索的过程，需要一定的时间与程序；数学是工具，一种常规的思维和逻辑；艺术是呈现，是成果显性化的平台。

第二，STEAM 教育的认识。这是一种教育教学方式，不是模式，是孩子们的一种学习过程，一种通过亲身体验，自主探索，从中了解和认识科学现象的过程，进行深度学习的过程，并且最终达成提升儿童一系列的能力。它是一种很全面，又很特别的自主发展的学习方式。今天还举了种水稻的例子，历经 106 天的探索，让孩子们理解米饭的来之不易。从身边开始探究，达成多元目标。

第三，观察能力和习惯的培养。这是孩子学习能力培养的重要方式。每一次活动，教师要观察孩子，孩子要观察科学现象，并且实实在在记录下来，这样的学习过程，就是探索，就是 STEAM 教育的主要环节。所以我们务必重视，并加以深化。

二、课程游戏化和游戏课程化。游戏是孩子学习的主要方式，课程是我们达成系列目标的载体，两者相辅相成。在现实中，有些幼儿园走极端化，要么什么都是游戏化，要么什么都是集体活动。其实，在《幼儿园工作规程》和《3~6 岁儿童学习与发展指南》中，都不是这样的。一个下午的学习，给我留下最为深刻感悟的是：我们不管是游戏课程化，还是课程游戏化，最终目的都是有助于幼儿的发展，多问几个"幼儿获得什么成长？""课程的生成性在哪儿？""我们下一步的游戏链如何？"主要实实在在去考虑了，你的实践就富有科学性、理论性、目的性、延展性。

学习和改变永远在路上，但不管如何，实践、内化、提升才是我们的任务，把学到的，自己有感触的，应用到我们的日常实践中，这才是最棒的，学习才是有效的！

——2020 年 10 月 26 日撰于家中

听君一席话　胜读十年书

人一辈子，能倾听一些成功人士的案例，得到一些前辈的教诲和提醒，绝对是人生的一次进步，精神的一次洗礼。正如一句话所言："听君一席话，胜读十年书。"

很荣幸，早上准备带女儿郊游的我，接到一位朋友的来电，邀请我一起出去吃早餐，同时有我村德高望重的领导在场，这可是我邀了近一年都没有达成的约会，所以二话不说，马上答应，随即起身前往。

见面后，我们闲聊了很多事情，其中让我刻骨铭心的三句话：第一是一定要确保食品安全；第二是一定要完成领导交代的任务；第三是要做好工作，争取成为幼教界的名师名家。

这几句话，第一句我听得是最多的，这充分说明，一切工作必须以安全为重，安全第一，牢固树立安全微意识，做什么都要用"安全"进行考量，多打上几个问号，确保安全的情况下，方能实施。

第二句话，是我第一次听到，其实这就是一种对上级"忠诚"的范畴。既然领导这么重视，我们必需要竭尽全力去做，既然领导交代，我们就要抓紧时间做好，早完成早报告。这也是让领导考验你执行力的最有效途径。

第三句话，没人跟我讲过，但这一直都是我的梦想和工作方向。今天在提及的时候，我一样分享了我的思想和态度，那就是"心若无处安放，到哪里都是流浪"。是的，做一行爱一行，同时领导也提到，既然做幼教，就要全身心爱孩子，遗憾的是孩子不会记得您，做的就是一种情怀。随即我又分享我的观点，那就是"不求孩子记得你，但求家长记住你"！我们做的就是良心活，释放的是一种教育情怀，不然你就很辛苦，很郁闷！

由于人比较多，我们没有进行私聊，但每一次跟他在一起，都是一次成长的机会，因此，吾辈倍加珍惜，并将不断去追求和探索，在幼教土地上播种，耕耘，让我们的幼苗生根发芽，开花结果，直至长成参天大树。

实施这一点，我需要走的路还很长很长。但只要铭记水稻之父袁隆平老先生的八字成功秘诀"知识、汗水、灵感、机遇"，相信一定会"平芜尽处是春山"。对于以上这八个字，我的理解是：

"知识"指的是不断学习新的知识和技能，用知识武装自己，革新头脑。

"汗水"指的是用汗水浇灌希望，用汗水装扮硕果。

"灵感"和"机遇"指的是记下每时每刻的灵感，并抓住机遇，付诸行动。

总之，机遇永远宠爱有准备的人，眷顾为梦想而奋斗的人。鉴于此，我将一如既往，在未来的道路上锐意进取，平稳致远。

——2020 年 11 月 1 日撰于家中

楚城美韵　"心"暖"智"开

一片落叶诗舞翩翩，一阵秋风诗情画意。在这样一个深秋的时节里，我们一行 50 多人在岭南师范学院徐教授的带领下，谈笑风生地来到美丽的——长沙，开启我们为期 6 天的园长高级研修班跟岗学习活动。

长沙，是一个有着悠久历史和文化底蕴的城市，是一个充满智慧和情怀的教育强市，曾留下诸多文人墨迹，如唐代刘长卿在《自夏口至鹦鹉洲夕望岳阳寄源中丞》一诗中就留下此佳句：

> 汀洲无浪复无烟，楚客相思益渺然。
> 汉口夕阳斜渡鸟，洞庭秋水远连天。
> 孤城背岭寒吹角，独戍临江夜泊船。
> 贾谊上书忧汉室，长沙谪去古今怜。

今天的行程安排科学且充实，高效并紧凑，让我们收获满满，感动多多，现谈三点如下：

一、数学是思维的体操。数学活动，对幼儿园来说，是一个领域，是孩子逻辑思维炼成的主要途径。基地学校长沙市人民政府机关第二幼儿园为我们安排观摩主题为《主题背景下的数学集体教学活动的设计与组织》的两节数学活动，一节是中班级的《好玩的飞行棋》，一节是大班级的《滴答滴答一分钟》，以及周园长的专业引领讲座，让我们收获颇多，具体心得感悟如下：从整合教材中提取数学元素，在整体研究中设计各学段、各学期的学习内容后，选择科学的手段实施教学活动的策略，有力地强调了我们的教学活动必须来源于幼儿生活，又服务于幼儿生活，必须重视幼儿核心经验的积累，开发幼儿发展潜能，锻炼幼儿的思维能力，为幼儿的健康发展保驾护航，努力达到"乐学的态度，会学的能力，学会的知识"目标。

二、文化是育人的根基。环境在育人方面起到的是潜移默化的效果。下午我们一行继续开启学习的模式，主要是参观园所文化建设及聆听《文化先行 后勤不后》的专题讲座，这一环节的活动让我对基地幼儿园的敬畏油然而生，现用我的一首打油诗概括当时的感悟如下：

与智者同行

智慧与思想同行，
行动与思考同在，
辛勤与硕果同长，
伴育与成长同达。
激情与敬佩同现，
点赞与感谢同心。

今天的跟岗学习，与其说是一股暖泉缓缓流入我们每个人的心田，还不如说是一群幼教追梦人在向我们述说着他们的诗与远方。

三、游戏是活动的主线。晚上，我们聆听皮院长《幼儿游戏指导的有效性分析》主题讲座，讲座从"游戏"的由来开始谈起，到游戏的组织、指导以及精神，其中让我印象最深的还是对幼儿最近发展区的阐述和可持续性发展探索方面的引领。在我看来，孩子的成长是动态的，是需要我们根据孩子活动的过程观察和记录，不断改变方案和提升策略的过程。只有尊重了他们的最近发展区，方能让孩子喜欢上游戏，只有提出可持续性发展的方案，方能让孩子们热爱活动，丰富孩子的想象力和创造力。

教无止境，学无止境。研修是教师成长的阶梯，内化提升才是我们学以致用的根本。今天的学习虽已结束，但我们的思想碰撞才刚刚开始，火花点才刚刚点燃，相信在我们幼教人富有爱心与情怀的呵护下，一定可以达到星星之火可以燎原的效果，一样可以达到"百花齐放春满园"的社会反响。

采得百花成蜜后，为谁辛苦为谁甜。让我们携手前行，以蜜蜂般的精神奔跑在幼教大路上，做一名幸福的时代追梦人！

——2020 年 11 月 16 日撰于长沙市柏纳酒店

课程特色化 特色课程化

——长沙市跟岗学习第二天学习体会

一日生活皆课程，是幼儿园有别于其他学段最大的课程特征。这一领域，幼教的同行们深知其路漫漫，但依然迎难而上，并不断探索取得突破，形成自己的园本特色文化和课程体系，为我们留下了宝贵的课程实践经验，助推每一位幼教路上的追梦人。

今天的跟岗学习，主要安排在长沙市岳麓幼儿教育集团第八幼儿园进行，主要活动是园所文化参观与专题讲座交流，其中园所文化主题为"生活小管家课程建设中的家园共育实践"，让我深受启发，使我想起"民族的就是世界"这句话，拿我们幼儿园建设来说，就是"园本的就是世界的"。

基于一天的学习与交流，结合个人的工作实际，谈谈三点认识如下：

一、国家课程园本化。新课程改革倡导课程多元化，允许依据《3~6 岁儿童学习与发展指南》与《幼儿园工作规程》，在国家课程的框架内，进一步充实、内化、优化课程结构，也允许在国家课程的框架外，开发园本课程，所以摆在幼儿园课程改革面前比较重要的命题就是如何根据幼儿基础与差异，师资情况及区域特点，创造性地、园本化地实施国家课程。

以今天的学习为例，如何落实 3~6 岁幼儿生活自理能力的培养目标，如 3~4 岁能将玩具和图书放回原处，4~5 岁能整理自己的物品，5~6 岁能按类别整理好自己的物品，基地幼儿园推行的是小管家策略，有效达成锻炼与提升孩子们的自理能力，利用 8 年的时间，形成了较为成熟有效的园本课程建设，家园共育的着力点。

二、园本课程特色化。彭园长在讲座前，进行交流时提到四点比较成熟的做法：第一是有梦想，找抓手；第二是不忘教育初心，从小管家课程开始；第三是一切园本教育活动都以孩子发展为本位；第四是用谦卑换取家长的包容。虽说是短短四句话，但蕴含着独特的教育主张及艰辛的实践历程。如"有梦想，找抓手"这一点，一日活动那么多，是"眉毛胡子一把抓"，还是"以点带面促发展"，是人云亦云，还是自寻出路，是唯唯诺诺，还是旗帜鲜明，都是我们每一位管理者需要深思与面对的问题。彭园长当机立断，敢于创新，利用 8 年的时间进行诠释与完善，这期间的艰辛与泪水，只有经历过的人方可体会。所以，园本课程特色化，需要我们选定方向，持之以恒，怀着"追风赶月莫停留"的意志，随着时间的风化，一定能迎来"平芜尽处是春山"。

三、特色建设课程化。特色建设，绝对不是一句口号，一次会议，更不是一条横幅或一面宣传标语就能达成，而是需要落到具体的课程与活动中，不然就缺乏生命力与可持续发展性。幼儿园课程一共有五个领域，每个领域都有着自己的特色与培养目标，用现在的潮流术语就是"融合"，但实际上却是各自为政，没有自己的理解，没有自己的思想，所以缺少自信心，这归根结底就是我们决策者的问题，因为你只是一句口号而已，到具体的实践却是空洞的，规划凌乱。鉴于此，我斗胆分享我的初步实践如下：第一、集思广益，坚定方向。基于园史文化，师幼基础，时代步伐，集思广益，坚定方向。第二、分步实施，树立信心。设计好实施的步骤，切忌急功近利，毕竟好多现实工作需要磨合与克服，追求显性成效，为建设树立信心。第三、重视积累，提炼成果。过程是途径，成果是目的，我们必须重视积累，深入落实"常规工作主题化，主题性工作成果化"，让成果点燃激情，让过程成就"师幼发光"。

本人深知改革与建设需要跋山涉水，攻坚克难，但我永远相信"千淘万漉虽辛苦，吹尽狂沙始到金"的哲理，相信鲁迅先生所说的"世上本无路，只是走的人多了，也就成了路。"

一个人走得快，一群人走得远，希望志同道合者多交流，多倾心，让"一枝独秀"变成"满园春色"，让"一直在路上"变成"一起唱起来"。

——2020 年 11 月 17 日撰于长沙市柏纳酒店

用多元策略装点园本特色建设梦

——湛江市园长高级研修班长沙市跟岗学习第三天学习体会

园本特色建设，是现如今课程设计的改革要求，也是创建一所名园的活跃点和着力点。平时我们都说："人无我有，人有我优，人优我特。"可见，特色建设是我们建设的制高点、发光点。那如何进行建设呢？每个成功的案例都有着成熟与个性的实施策略。

今天，我们跟岗团队有幸走进湖南师范大学幼儿园，聆听徐园长向我们分享的专题讲座《阅读，为孩子打开世界》，让我们茅塞顿开，找到了初步的答案。现分享个人体会和收获如下：

一、加强领导，保证特色建设从随意到高质

现在经常说："火车跑得快，全靠车头带。"讲座中，徐园长多次强调，特色课程建设，必须是园长带头，专业引领，保证建设的高度和强度。必须成立专审组，对提供给孩子阅读的每一本绘本进行专业审议，从源头保障质量关，为每一位读者提供有效资源，有力保证特色建设从随意到高质。

二、归位教研，保障特色建设从特色到常规

现在好多幼儿园的特色建设，没有有效融入园本教研常规活动，而是外加工作，给教师们增加了额外的负担，正是由于此类现象比较多，所以我们的特色建设缺乏生命力，缺乏内驱力，基本是需要课程展示就加班加点，检查或展示过后，就依旧回到原来的工作状态，这明显就是真正的"特设"——"特别增设"，固然得不到职工们的支持和理解。但今天徐园长的讲座，可以说是"一石激起千层浪，一语惊醒梦中人"。他们的好，是因为特色建设是教研活动的一部分，是各区域活动设计和园本活动设计需要考量的领域，已经把特色建设变成了一种常规活动，基本达到"随风潜入夜，润物细无声"的境界，这样的特色建设，怎么可能做不好呢？

三、多位一体，助力特色建设从附加到主体

今天的讲座，讲到了深度学习，项目式学习，这是目前教育的明星词。深度学习，原意指的是通过多层、非线性、变换式地对高复杂度数据建模的算法的合集。而我的理解是："对一个知识点，一个领域，一种现象，通过不同领域，不同层次，纵横交错进行学习的一种立体性学习方式。"它打破了原来的学科学习，学段学习，变成的是叠加式、平方性的成长方式。

徐园长今天以"悦读"为例，向我们呈现了她在这一领域的深度研究成果，一种多位一体、多措并举的策略成效。现就助力特色建设方面试谈几点体会如下：

（一）家园共育。徐园长的幼儿园，有效告知家长，阅读不只是我们幼儿园的事，打破了现如今"幼儿教育"和"幼儿园的教育"的僵局（说明：现在家长认识误区是把"幼儿教育"当成了"幼儿园的教育"，把幼儿的教育责任全盘推给了幼儿园。），通过盘活有效的家长资源，形成了一条在"阅读"领域较为成熟的家园沟通桥梁，助推幼儿多项发展。如家长和幼儿进行绘本剧表演、家长和幼儿进行绘本内容再呈现等，给家园共育领域增添更多的亮丽色彩。

（二）师幼合作。在这方面，我们每天都在进行，但在特色建设上，却还是很少去实践。讲座中，徐园长呈现了教师和孩子共同表演绘本剧，共同朗读绘本，一起探索绘本的学科知识，等等，在特色建设领域，呈现出不一样的师幼合作，加深师幼情感交流，提升艺术与绘本表现层次。

（三）学科融合。这一方面，我也一直在做，但通过今天的分享中，我理解了什么是与学科融合的绘本设计。就如最后分享的绘本案例《来喝水吧》，故事内容中蕴含了数学领域的数字12345，语言领域的角色扮演，科学领域的水资源循环使用等，让我懂得了一本用心的绘本能给孩子带来不可估量的成长。徐园长还列举了特色绘本与一日生活的联系，可见她们把特色课程的建设无死角地融入幼儿园诸多领域中，达到最大化，最强化。

（四）形式丰富。特色课程的践行，是需要活动支撑的，因为成果需要孩子的参与来创造，也需要孩子的再实践来检验。徐园长利用广播朗诵绘本，绘画理解绘本，表演呈现绘本，故事再现绘本等活动形式，可谓是形式多样，多元立体，让孩子在潜移默化中接受思想教育，提升操作能力，丰富核心经验，为未来的有效学习奠定坚实的基础。

一场讲座的聆听，一次即时的顿悟，一段随遇的情缘，一生难忘的收获。愿我们的学习永远幸运，愿我们的遇见永葆青春。

最后，用一首即兴打油诗概括基地幼儿园实施特色建设的策略：

"悦读"不俗

制度与机制先行，
经费与环境保障。
活动与激励夯实，
多元与立体为径。
提升与教育为旨，
共育与共长同行。

——2020年11月18日撰于长沙市柏纳酒店

以适用建园本课程　以理念推园本管理

——湛江市园长高级研修班长沙市跟岗学习第四天学习体会

长沙的冬天，寒风冰凉，夹着细雨，让你感受到寒冬的刺骨。但我们今天可是热乎乎的，因为聆听了两场非常接地气和有热度的讲座分享，一场是来自长沙市教育局幼儿园张园长主题为《幼儿园办园行为督导评估方案解读》的讲座，另外一场是湖南师范大学杨教授主题为《幼儿园课程建设的理论与实践》的讲座。基于两场讲座的学习，下面谈谈个人的收获和体会如下：

一、园本课程的开发与使用，以适用为准绳

这方面，杨教授主要从概念辨析课程园本化、本园课程与园本课程，幼儿园园本课程建设的几个误区，幼儿园园本课程建设的理念与类型，幼儿园园本课程建设的实践途径四个方面进行分享，其中让我体会比较深的是：我们不管是在使用国家教材，还是开发园本教材，适用是准绳和目标。国家层面的课程在这就不做赘述，但园本课程方面的开发，我试谈一下自己的感悟和理解。就像杨教授所说，园本课程是以园为本构建的课程，是幼儿园根据本园的资源、特色、优势、师资等条件开发实施的，凸显本园独特文化的课程。其中"资源、特色、优势、师资"是条件，是开发园本课程的基础，必须恰如其分，特别是资源优势，这也是决定你选择开发的课程的可行性，可延续性，不然就会夭折，让你失去开发的信心，劳民伤财，影响公信力。讲座中，还向我们分享了诸多优秀成功案例，充分验证了资源最大化，优势最大化，特色最大化的特点。

二、园本管理的推行与评价，以理念为指导

园本管理，是基于国家法律法规体系下，进行的个性管理模式，上午张园长以办园行为督导评估为载体，向我们分享了她的管园理念、治园策略。如提到的"金杯银杯不如老百姓的口碑""幼儿园的教育是一种养成教育""从 1 米的高度看世界""一日生活皆课程，点点滴滴皆教育""小学与幼儿园的不同，是学习方式的不同"等等，彰显了张园长的睿智与情怀，高瞻与远瞩，特别是后面讲到优秀教学活动案例时，张园长的专业素养，培养青年教师的策略，让我们无比信服，其中"培养目标"中的人格素养（品格）、学习素养（能力）、学科素养（知识），层次清晰，易学易懂；"幼儿为主"的理念阐述：直接感知、动手操作和亲身体验，让我们茅塞顿开，感触颇丰。

总之，虽然说他山之石可以攻玉，但切实适用自己的，才是最好的。而管理上，理念是指导、是方向，因此，我们要快速提升管理能力，快速形成科学而独特的管理理念，才能正确引领幼儿园阔步前行，砥砺梦想。

——2020 年 11 月 19 日撰于长沙市柏纳酒店

且行且思　且思且长

——湛江市园长高级研修班学习后的几点思考

这段时间，在岭南师范学院徐教授的带领下，我在湛江市进行了3天的集中理论学习，长沙市6天的跟岗学习，算是比较丰富，也有着一定的收获，现就这段时间的学习，谈几点未来工作的思考：

一、管理理念与策略。幼儿园的管理理念，是幼儿园一切事务的方向指南针，是我们工作的主心轴，如何形成理念是我们每一位园长需要考虑的范畴。已有理念的幼儿园，如何进行夯实、优化，也是我们必须考虑的工作。经过几天的学习，我个人觉得有以下几点规律：1、幼儿园的决策务必经过集体智慧研究决定，这里涉及内驱动力的问题。2、具有一定的历史积淀。一所幼儿园如果有基础、有历史、有积淀，就更加容易开展。3、制定一套切实可行的策略，并尽量具有可持续性。4、重视人力资源的培养与使用。人才是做事的根本。5、重视成果提炼。过程固然重要，但成果却发挥着催化剂的效能，能让每一位参与者有存在感、位置感。6、聚力推荐与宣传，大胆争取在别人的关注下不断进步和改善。

二、园本课程的建设。园本课程和园本文化建设，其实就是一种特色建设，一种夯实文化底蕴的建设项目，这需要一定的灵感，需要一定的智慧，基于历史和现状，又高于历史，创造未来之可能，是一项长期工作，一项底蕴建设，绝不是一次两次的工作或活动就能达成的。还有，一切建设，需要最后落脚到具体课程上来，具体的一日生活上来，不然，就会变成一种累赘，一种负担，一种额外工作，这样的特色是没有任何生命力的。同时，必须留下痕迹，形成一定的理论成果和实践案例，为下一步研究提供有力支持。

三、园长与教师成长的路径。一位好的园长就是一所好的幼儿园。园长的专业成长和管理能力提升，是重头戏，因为我们就是火车头，职工们就是坐车的人，我们带向哪儿，职工们就往哪儿走，所以园长们真的需要去思考，如何让自己成长起来，如何让自己强大起来。另外，教师的成长也是幼儿园园长需要考虑的范畴。幼儿园管理中，再好的想法，没人执行，无法落地，那就是空中楼阁，这样是不行的。所以我们真的需要形成较为系统的培训人才机制，把我们每一位职工都当成是栋梁之材进行培养，为我们储备力量。这一块，我谈谈几点：

（一）园长个人方面：

1. 个人学习思想的树立：依靠学习，走向未来。

2. 个人学习策略的思考：好记性不如烂笔头，任何事情和见闻，如果有感想，抓紧记录下来，不断内化提升，形成自己的个人魅力。

3. 个人工作方向：读万卷书，不如行万里路，行万里路，不如阅人无数。我们必须争取机会多出去走走，让你的工作思想和理念在学习中不断积累，争取从量变到质变的飞跃。

4. 个人管理理念的提炼：用心工作，用心总结反思。让自己的理念能像鹅卵石一样，在岁月的不断磨刷中，逐渐光滑、光亮。

5. 个人工作魅力方面：形成自己的特色，但其中教育品质特色非常重要，或者可以说是品行兼修，不然就会两极分化，不能互补，反而出现问题。

（二）教师成长路径：

1. 平台搭建：为想做事、会做事、做成事的人，搭建广阔的发展平台。

2. 策略思考：我们必须选择适合每个人发展的路径，有的放矢，紧松有致，给彼此一个自由的发展空间。

3. 解放思想：围绕一个主题或一个项目，给他们自由发挥和舒展才华的机会，为后续发掘人才做准备。用我们的信任，让每一位职工都能发光。

4. 成果汇报：及时或定期进行成长成果汇报，督促年轻人不断成长。从"要我成长"到"我要成长"的蜕变。

成长没有捷径，管理也没有捷径，"天下无难事，只怕有心人"，所以我们必须秉着"日日行，不怕千万里；常常做，不怕千万事"的工作和生活理念，相信一切都会在我们的心中融化，在我们的行动中变为现实。

加油！我心中的理想国！

——2020 年 11 月 22 日撰于南京市南京大学亚朵酒店

游戏初认识

——参加自主游戏教育部南京市专题学习体会

在寒冷的冬天，我从外地辗转后，来到六朝古都南京市的南京大学，参加教育部组织的游戏组织专题学习。学习时间为两天，虽然不长，但收获满满，主要是这一次的培训模式比较理想，融实际案例与理论为一体，非常接地气，具有可操作性，所以我们备受启发，茅塞顿开，醍醐灌顶。现根据两天的学习，总结与反思如下：

一、游戏的原则

游戏是儿童的天性，是儿童的权利，同时也是儿童学习和发展的重要途径。经过两天的学习，有幸跟华爱华教授、虞永平教授两位中国幼教界泰斗性人物进行了交流，并介绍自己刚刚研发的游戏成果，所以有幸学到，游戏的基本原则就是以下两个：第一是是否是儿童的意愿；第二是是否能让儿童获得新的生活体验。符合这两种条件，就能大胆开发和开展。

二、游戏的类别

游戏，根据组织形式的不同，暂时可以分为教学游戏和自主游戏。教学游戏指的是基于教学活动的目的，落实"以游戏为基本活动"要求，在教学某个环节中，加入孩子游戏的环节，具有目的性和预设性，孩子被动接受游戏规则，按照教师预设程序完成游戏，这样的游戏效果没被验证，但却一直在一线实施。而第二种是自主游戏。指的是儿童在没有教师的要求和预设下，根据身边材料和场地，自己组织和设计的游戏，这类游戏是一种生成性活动，没有目的性，可变性强，甚至是一种项目式的游戏活动，是最能锻炼孩子思维能力、解决问题能力、综合能力的活动，也是最高效落实《3~6岁儿童学习与发展指南》中"直接感知、动手操作、亲身体验"要求的具体行动。

三、游戏实施的策略

两天的学习，我对游戏的实施，有着自己的认识，下面谈几点：

（一）管住口手，敢放手

游戏是儿童发展的教科书，是教师成长的教科书。孩子是游戏高手。需要站在孩子的视角组织游戏。鉴于此，我们需要专业自信，即相信游戏，相信自己，相信儿童。众多案例证明，许多教师经常管不住嘴和手，总想帮孩子一把，却不知，孩子才是游戏的专家，他们想到的解决困难的策略，比我们还厉害。从分享的视频来看，我们真的就是多虑啦！真的需要避免"高控""替代"，从尊重"孩子的视角"开始，抛弃用我们的视角代替孩子的视角。

（二）保证游戏时间

儿童游戏，需要一定的时间。需要大胆玩的初期实践，找到一定方向或主题之后，需要实践和调整的时间，需要克服困难，不断尝试，同时需要不断调整方案和进一步尝试，这一系列的过程，如果没有时间的把握，是没有任何意义的，因为孩子还没开始玩，或还没进入状态，游戏就结束了，慢慢地孩子就没有任何的兴趣了。此外，时间也不是固定的，可能是一周或两周，这样不断地玩并不断尝试后，小孩子才能玩出特色，玩出花样，玩出高度，不然刚刚有点灵感，就被抹杀掉，这明显是不符合人的发展规律的。所以时间合理安排很关键。

（三）保证材料多样性

区角活动和游戏都一样，孩子的兴趣高低，质量的高低，最主要的是区角材料的开放度和多少所决定的。游戏的质量也不例外。如果每天都是那几样小玩具，都是那几块小积木，没有大型、足量的玩具，这明显就控制了孩子的想象力，明显阻碍了孩子的发展。所以未来我们必须保证孩子的材料多样性和足够性，否则，一切免谈。

（四）回忆观察记录反思

组织游戏，我们为了研究其合理性，并为下一步做好铺垫，教师必须进行活动回忆，儿童在游戏中的行为观察记录，进行科学反思与解读。一句话说得好："在游戏里，儿童发现世界，教师发现儿童。"这两个发现，不是简单的发现，而是深度学习的体现，儿童在自主游戏中，不断遇到困难，不断解决困难，这就是一种成长的途径，自我进步的途径，这就是发现世界最好的过程，并且是自我发展的过程，没有任何人的介入，可能过程中，孩子的想法和我们不一样，但我们要站在孩子的视角进行评价，这样就会非常好理解了！教师发现儿童，这一点，我们要有这样的精神："追问到底，回答清楚，落实到位。"以这样的精神理解孩子的行为，让孩子的行动在我们的理性解释下，变得合理，变得可行。也就是说我们要在游戏中理解孩子，在反思中让自身专业得到不断成长。

（五）师资配备

教师是组织者，是儿童前行的拐杖。我们需要一批有这样意识的教师，不能出现以下五种误区：第一，不放手，让孩子没有机会展现其游戏中的精彩；第二，看自己想要看的；第三，忙碌于不停地指导，不断打扰孩子；第四，眼睛不看孩子做的，耳朵不听孩子说的；第五，不静下心来观察。这些都需要具有一定专业知识和技能的教师。哪怕不能全部是，但最起码每个班都有一位具有这样意识的教师。

（六）培训提升

培训提升，是我们提升教师的主要手段之一，真的需要不断实施走出去策略，让教师们愉悦地接受新理念，不断实现"要我做"到"我要做"的飞越。因为教师出去之后，就是一种全身心的学习过程，会不断地消化，不断地吸收，自然就会形成自我，并用于我们的教学活动来。

（七）形成交流机制

每一项工作，必须注意搭建有展示的机会，交流的平台。浙江大学胡海岚教授的"胜利者效应"——"成功才是成功之母。"强调要让每一位有思想，敢实践的教师不断体验成功，表现成功，然后不断获得新的成功。

另外，要加强教研体制建设，努力做到让教研走在实践的前面，而在活动开展时，教师一定要在儿童的后面。做到位置摆放科学，引领到位，实践者思维清晰，成果记录有效。

（八）成果提炼

我们在组织任何活动的时候，一定要注意提炼从行动到成果的思路。因为我们必须落实"常规工作主题化，主题性工作成果化。"这样才会把我们走过的痕迹，辛苦实践的成果，不断显性化，让参与者有成就感，让我们的工作更具理性，为后面的继续深化，奠定坚实的基础。毕竟"实践＋反思＝成长"。

两天的学习，其实就是一次引进门，真正靠的是未来的具体实践，正如"师傅引进门，修行靠个人"。我将以这次培训为契机，不断探索游戏活动的开展，活动过程的观察与记录，切实落实华爱华教授所提出的"教研的重点放在游戏上来，主要活动也放在游戏上来"，把游戏最大化，把游戏常规化，把游戏活动化，把游戏专业化。

总之，十年磨一剑，任何工作都需要一定的过程，需要我们实实在在的潜心教研，用心实践。相信只要我们持之以恒，用心用情，熬得过"黎明前的黑暗，春天前的严寒"，定能"拨开云雾见青天""柳暗花明又一村"。

伙伴们，让我们携手潜心实践吧！

——2020 年 11 月 24 日撰于从南京回湛江的高铁上

可敬的教育者

——听张园长专题讲座体会与感悟

在祖国最南端徐闻县的梅溪实验学校继续今天的园长培训学习。

今天的学习安排有两个主题，第一是"在一日活动中践行指南"，第二是"园长是魂，教师是本"，两个主题都是由原湛江市第一幼儿园的张园长进行分享的。

两场分享后，我真心佩服这位已经退休的，一直扎根幼教事业的教育者。

敬意只是一种心情，这一心情，其实源于今天她把自己一辈子的实践经验和成果向我们分享，触动了我们，现记录几点如下：

一、《3~6 岁儿童学习与发展指南》就是纲。它就是一部指引、方向，但绝对不是标准。这里，张园长引用了我国教育家陶行知的一句话："教育是农业，不是工业。"这句话道出了我们的教育绝对不是机械工作，而是一种过程，同时每一位幼儿都是独一无二的个体，我们需要因材施教，因地制宜，不然，就会很被动。直接感知、实际操作、亲身体验是幼儿园教育的主要方式，这也道出了孩子的主要活动就是游戏，在"玩中学""做中学""生活中学"才是我们需要研究的活动方式。另外，我们还领略到《3~6 岁儿童学习与发展指南》家长版的教育，这也给我们园的家园工作增加了一条新的路径。

二、园长是魂，教师是本。这一领域的分享，主要是依托她的一项省级课题来展开。众所周知，园长才是一所幼儿园的头，正所谓"一位好园长就是一所好幼儿园。"所以我们要做好三种角色："管理者、领导者、教育者"，六项专业职责："规划幼儿园发展、营造育人文化，""领导保育教育、引领教师成长，""优化内部管理、调试外部环境。"这就是一种全面的要求，比较多元，比较立体。其间还分享了好几篇高质量的课例，几项比较成熟有效的管理策略，如以学习故事为载体，实现教师在实践中思考；如以分享自己班上老师的故事来促进团结相处、美美与共；如开展体验式家长会，让家长们理解我们幼儿园的游戏教学和基本的教学模式。

学习永远在路上，研修永远没有止境。从今天这位资深园长身上，我看到了我未来的样子，对我未来的教育幸福、幸福教育起到举足轻重的影响，希望以后能多多聆听我们前辈们的经验分享，能经常得到我们前辈们的指导，让我们这些后浪，能乘风破浪，勇往直前。

莫疑春归无觅处，静待花开会有时。依靠学习，走向未来。希望伙伴们在用心用情哺育花朵绽放的同时，自身成长也能枝繁叶茂，顶天立地。

愿学习永远幸运！愿成长永远豁达！

——2020 年 12 月 4 日撰于徐闻县非繁城品酒店

"走向园长专业化"之我见

——聆听陈园长专题讲座学习体会

今天我非常荣幸，聆听了我市唯一一位幼儿园正高级教师陈园长专题为《走向园长专业化》的讲座分享。由于今天有事我只听了前半段，但就这前半段足以让我好好消化一阵子。

为了表现真实性，我以叙事和块状的形式记录如下：

首先，是专题"走向园长专业化"。这题目一出，我们的陈园长就提问大家，看到这一题目，你是怎么想的，或有什么想知道的？有人回答分享，但我还是大胆发表了我的观点："走向园长专业化"首先有 3 个关键词，一个是"走向"，一个是"园长"，再有一个就是"专业化"。"走向"是途径、过程，"园长"是角色，"专业化"是目标，整体理解应该是园长要努力探索通向自身职业专业化的途径和方法。什么途径？如何通向？需要什么必备品格？等等。就因为这一分享，陈园长怕我跟她唱双簧，所以立下个规矩：以后，每个问题要有三个人回答后，谢园长才能回答交流，不然，他一说，就基本是答案啦，别人就没有说话的机会。从这一点上来说，也足以证明，我现在的管理理念和教育认知，基本可以和我们这些前辈们接轨，可以进行深入聊天和交流！

其次，是园长的职业定位。这一块，我也分享了我的见解。园长的职业定位有管理者、教育者、领导者，究竟哪个重要呢？众说纷纭，各抒己见，但其实都很重要！管理者的角色重点是协调力和执行力，还有就是服务意识，树立让事情顺利发展、单位能更上一层楼的服务意识。教育者其实就是我们的本位工作，首先我们是一名教师，然后才是一名园长，千万别调换过来。"教而不研则浅，研而不教则空，研而不成文则失。"这就证明，我们既然选择了教育这一行业，作为一名优秀的教师才是永恒的目标。"火车跑得快，全靠车头带"我们作为领导者就是车头，孩子、教师、幼儿园建设愿景，该往哪里走，需要我们的智慧指引，正所谓"一位好的园长，就是一所好的幼儿园。"虽然有点自我，但在实践中，还真的需要这样最终拍板的决策责任担当者。

再次，就是制度大于个人。究竟是制度大，还是个人大。我发言时的观点是辩证统一和协调发展的关系。没有规矩不成方圆，说明制度是我们工作的纲领，大家的参照物，是一面镜子，但绝不能只理解为治理人的工具，那只是一种浅层的效能，真正的高效能是用制度激励人，盘活各方资源，让制度成为我们工作和管理的助推器和引擎者，这样就会把刚性的制度，变为富有弹性的机制，巧妙而灵活地服务我们的管理，有效提升我们管理的质量。

其间，还讲到好几点值得我慢慢揣摩的观点，如：

1. 什么样的孩子是好孩子？什么样的教师是好教师？什么样的园长是好园长？什么样的幼儿园是好幼儿园？什么样的教育是好教育？

2. 如何践行和探索管理中的"结构性问题""制度性问题""价值性问题"。

3. 对儿童发展的定位？

分享中，陈园长还表现出满满的正能量，如孔子所留下的"智者不惑，仁者不忧，勇者不惧"；又如"正面思维""没有过不去的事情，只有过不去的心情""多一条标准就多一批好孩子""勇于否定自己，就能一往无前。"……

虽然只是短短的一个小时交流，但留给我的思考是深远的，希望以后能跟这位智者多交流多沟通，实现站在巨人肩膀上能够看到更远的目标。

——2020 年 12 月 6 日撰于家中

是金子到哪里都能发光

——读学习美篇后所想

今天看到在徐园长任职资格培训学习群的一篇美篇，让我不由想起"是金子到哪里都能发光"这句话。

基于这一点，我想谈几点想法如下：

一、有积累才有发光点。"台上一分钟，台下十年功，"这不是一句空话。别以为他人在台上多么精彩，多么出彩，是偶然，其实是一种必然，是其长期锻炼和积累的结果。天下没有免费的午餐，更没有伸手可得的成绩，这都需要经历一番彻骨寒，都需要一段跋山涉水，不然，哪怕有成绩也是昙花一现，坚持不了多久。但如果你重视积累，一切就好办多了，他会让你慢慢感悟到"不积跬步，无以至千里，不积小流，无以成江海"的道理。在我看来，任何的成绩和发光点，都需要在这一领域积累足够的量变后，才能发生质的变化，所以，我们必须重视积累，特别是自身的积累。

二、勤总结才能蓄能量。能量的大小，是需要通过我们不断储蓄的，不然，它就只能是星星之火。如果你能勤总结，勤反思，那就不一样啦！总结是提炼，反思是洗礼，不断地洗礼和提炼，才能让自己从机械的实践走向理性的思考，让理性的思考走向自我升华和内化提升。

三、强自信才能真发光。自信是成功的一半。自信缺失的人，也就是说还没开始做事，就马上说自己不行，这类人是永远不会成功的。因此强自信的人，才能真发光。在我看来，自信是你继续挑战的前提，自信是你历练品质的根本，自信是你获得成功的启动器，可见，没有自信，一切只能是一种想法，永远成不了天上一颗闪亮的恒星，也就不能真发光。

人，活着就是一种态度和状态。每个人在完成了物质追求阶段后，将会追求生活到信仰阶段，然后就是个人的价值追求，如果你达不到，自然就是一种遗憾，但如果达到，就会享受到发光所带来的成就感、存在感。

愿每一位伙伴都能成为一个耀眼的发光体。加油！

——2020 年 12 月 7 日撰于家中

用阅读为孩子插上飞翔的翅膀

——聆听王老师专题讲座心得体会

今天为了学习幼儿绘本这方面的知识，我驾车来回 6 个小时到徐闻县，聆听王老师进行的主题讲座《基于阅读的前书写教育》。本场讲座主题明确，例证真实，是一次很好的学习机会。

通过学习，我再一次对阅读的效能和在幼儿园推广阅读活动策略方面有了全新的认识，具体记录如下：

一、阅读需要潜移默化，润物细无声。幼儿阅读和大人完全不一样，它是通过图片逐渐到文字的过程，这一过程，有些孩子时间短些，而有些时间会长些，这需要我们持之以恒，静待花开，默默等待，润物细无声。

二、阅读需要精心选择，好书才有好教育。一本好书能为你打开一扇窗。是的，一本好书带给孩子们的启发是无法估量的。她除了积累核心经验外，还进行了潜移默化的思想和社会教育。

三、阅读需要饱览群书，有积累才有质变。在讲座中，王老师举了好多例子，都显现出一个共同的规律，那就是读书量越多，种类越多，孩子的学习能力和综合理解能力就越好，学习成绩也就越棒。这一点我是非常认同的。

在此期间还分享了如何引领孩子进行高效阅读，教师如何以绘本为媒介，创建特色课堂，开发系列学习课程、多元智能锻炼的课程等。

整体来说，6个小时的奔波，还是有着一定的收获，值！期待明天更大的收获！

——2020年12月10日撰于家中

科学规划　稳步发展

——园长资格证网络研修作业

经过1350学时的网络学习，我聆听了关于安全、规划、校园文化建设等领域的专家讲座和交流，收获满满，也形成了自己的思考。现根据自身的工作情况，结合专家的分享，谈谈自己的理解与未来工作方向如下：

一、安全第一，健康第一

幼儿园工作，安全是前提。其中包含食品安全、设施设备安全、师幼安全教育、师幼卫生习惯养成教育等等，这些既牵扯到物质层面，也牵扯到行为习惯方面，两方面都重要，都必须要给予足够的重视，以实现安全教育的目的。

在这一方面我园形成了较为成熟的机制，如每天的入园晨检，每位幼儿健康观察记录，形成进园不能带熟吃物品，定期进行保育员安全卫生教育，开展相关知识和操作教学，按季节需要，安排全体教职人员进行季节性传染病预防和宣传工作，定期进行校舍安全设施设备隐患排查，立体性确保安全关，护航师幼健康发展，校舍设施安全使用。

二、夯实校园文化建设，助力教育科学发展

校园文化，不只是静态文化，不只是挂在墙上的文化，而是一种精神，一种品质。换句话说，它是动态的，有生命的。结合专家的分享，我认为校园文化是一所幼儿园的灵魂，是一切活动的导向。

鉴于此，我们幼儿园经过多次讨论后，定下来"小乐园　大世界"的文化建设主题，根据计划，我们除了显性文化基础建设部分，更多的就是课程建设。基础建设我们分为四大版块，含"蓝色湛江""特色广东""红色中国""彩色世界"，遵循"课程特色化，特色课程化"的理念，不断向课程迈进，融入幼儿园五大领域课程，融进幼儿一日生活，把文化建设具体到静态文化渲染，夯实动态活动，让孩子和教师除了看得见，摸得着，更要感受得到，甚至还可以去设想和创新。届时就会呈现一种人人行动，事事可为的境界。

三、敢于规划设想，砥砺行为实施

现分享我们幼儿园的五年规划如下：

（一）主要工作

1. 基建方面

（1）利用前两年的时间，实现幼儿园基础建设全部翻新一遍。

（2）争取机会把幼儿园搬到更大更宽的地方。

2. 文化建设

（1）用前两年的时间，基本完成"小乐园大世界"园所文化建设的框架。

（2）基本形成特色课程化，特别是各大领域的融合。

3. 师资建设

（1）争取每位教师每年外出学习一次，园本学习不低于 4 次。

（2）争取培养 5 名副高级教师，市级省级名教师 2~4 名。

（3）夯实青年教师成长月活动，要取得切实成效。

4. 教育教研

（1）基本形成二幼礼仪文化。

（2）根据时代与园本发展需要，形成不低于 5 套较具特色的长期教研实施方案，并形成较高水平的成果。

（3）每年争取获得市级、省级课题立项。

（4）每年获得省市区级奖项 10 人次以上。

（5）每年发表论文 5 篇以上。

（二）预计工作成效

1. 出版发行管理与研究成果方面著作 3-6 部。

2. 园所文化特色鲜明。

3. 情味浓郁，教研氛围浓厚。

4. 人力资源得到有效缓解。

以上是我园初步发展规划，将根据具体情况，狠抓落实，不断调整，力求一年一个样，五年变个样。

总之，我们会根据规划，利用好各种政策，稳步推进建设，力争在 5 年内建成一所市级名园，省级名园。

——2021 年 1 月 9 日撰于家中

我学习　我思考

——聆听心老师《幼儿园从规模到品牌发展的华丽转身》专题讲座心得体会

迟日江山丽，春风花草香。一日之计在于晨，一年之计在于春。在这花香草绿的春季早晨里，我走进湛江市第五幼儿园聆听公益讲座。

由于个人时间问题，原本一天的讲座，我只参加了半天，但就这半天，都需要我一辈子来诠释和践行，思考和内化。现就半天的学习记录如下：

一、听君一席话，胜读十年书

心老师半天的分享，围绕着教育的根本目的"幼儿获得成长"来展开，着重阐述幼儿园的"品牌"建设，强调我们作为管理者，必须做好三所学校（孩子、教师、家长）的工作，提出教师的专业发展，才是品牌建设的核心，同时分享了好多她亲身经历的教育故事和案例。心老师给我留下胸怀宽广、站位科学、情怀深厚、理念时尚、方法多样、思维敏捷的印象，让我对她无比钦佩和敬仰。

二、我思故我在，我在故我思

一场讲座只是一种媒介，一次共鸣和共情，但如果内化提升过程中，再加入深入的思考，也许就会是一种飞跃式的质变。

听完讲座后，结合自身的实际，我陷入以下思考：

（一）"世界上唯一不变的是变化本身"这是世界著名作家、大思想家斯宾塞·约翰逊曾经说过一句话。在我看来，我们都是时代的一分子，想要立于时代，那就要与时俱进，完善自我，但又不能唯他论，唯书论。就像心老师讲座中所说："我们如果一味地跟风，就会变疯。"虽然比较通俗，但道出了自我的重要性，个性思考的生命力。在我看来，改变固然重要，甚至改变的结果也是唯一追求的目标，但改变的过程，历练的过程才是我们一辈子用之不尽的品质和能力，正所谓"过程比结果重要"。

（二）"鸡蛋，从外打破是食物，从内打破是生命。"这是李嘉诚曾说过的一句话。任何工作，当你把人的主动意识调动起来后，就会产生意想不到的效果。正如今天心老师说道："你觉得你的生命潜力发挥了多少？"这就是一种个人潜能挖掘方面的命题。在我看来，人是做事的必要条件，能干的人却是做成事的必需条件，而这不是凭空而立，真正有说服力的是事情结果的本身，所以，作为管理者的我们，经营好"人力资源"这一领域，是决定你品牌建设的根本所在。

（三）"教育是农业，不是工业。"这是我国著名教育家陶行知先生说过的一句话。是的，教育绝不是一朝一夕的工作，也不是随心所欲的行为，是一种过程现象，需要播种、培育的系列程序，并且需要我们秉持一种"每棵幼苗都是独一无二的个体"意识，绝不能用像工厂机械制造出来千篇一律的产品标准来衡量。

教育是一种灵魂的唤醒，做事做人是一种辩证统一的整体，责任担当是时代赋予我们新的使命，希望我们每一位教育者，每一位教育管理者，都能牢固树立"成人达己，成己为人"的管理观，树立"管理就是服务，工作就是修行"的人生观，探索实践幼儿园品牌建设可持续发展理念，为达成孩子、教师、家长、社会的期待砥砺奋进。

——2021年3月13日撰于家中

为睿智热情的鸿尚团队点赞

春天是播种的季节，春天是希望的季节。在这鸟语花香的春天里，我们二幼一行12人来到祖国经济特区深圳市龙华区鸿尚幼儿园进行为期两天的跟岗学习。通过一天的学习和交流，我深刻体会到鸿尚幼儿园的思想内涵，现谈谈我的体会和思考如下：

一、择高而立。今天跟岗学习，了解到该园的办园宗旨是尚真、尚善、尚美，这就是我们各级推行的真善美教育，这是中国教育历史上永恒的主题，现把它作为办园理念，有高度，有深度，站位科学，目光长远。值得学习！

二、贴地而行。这所幼儿园，以构建"隐于闹市，回归自然，和谐友爱，共生美好"

的愿景目标，推行以自然教育为主线，以传统文化为传承，以项目式种植课程为特色，这些理念，具体清晰，方向明确，接地气，让教师们明白自身的职责和需要努力的方向。

三、落地开花。通过公众号发现本所幼儿园推出了好多幼儿活动，教师培训活动，教研和课程建设，卓见成效，在充分利用园本资源优势，快速提升办园效能，提升社会知名度，成为社区乃至本区备受关注的园所。所以，我们经常说，再好的计划和设想，落不了地的话，它永远就只是空中楼阁、镜中鲜花而已。

本次的学习，我相信将是二幼大家庭难忘的学习经历，注定对大家未来的工作产生较大影响。借此机会，感谢鸿尚幼儿园全体教职工的热情接待和倾情引领，我们将内化提升，学以致用，为湛江市第二幼儿园的美好未来做出贡献。

最后，我想说，鸿尚幼儿园在饶园长的睿智领导和耕耘下，让我看到的是团队的活力，教育的情怀。特别是年轻的教师团队，就像早上八九点钟的太阳一样，给我们幼教注入了春天的希望和时代的内涵。在此，我代表二幼团队，对大家表示我们诚挚的谢意！也真诚邀请睿智的鸿尚幼儿园团队有机会到我们二幼指导交流。我的讲话完毕，谢谢！

——2021 年 3 月 22 日撰于深圳市龙华区丽枫酒店

主题课程化　课程立体化

——深圳市龙华区第七幼儿园跟岗学习心得体会

迟日江山丽，春风花草香。改革浪潮勇向前，课程研究不停歇。在这春暖花开之际，我们一行 11 人，继续走进深圳市龙华区第七幼儿园进行为期两天的跟岗学习。

经过跟岗学习，我对他们的七 Q 课程建设产生较为浓厚的兴趣，并给予较高的评价。下面谈谈自己的学习体会如下：

一、基于问题的课程建设理念

在跟向园长学习交流中，我们听得最多的就是"请你多多给我们提出修改意见"。从他们的课程实施中，我们可以看得出，他们的课程就是基于问题而建设的。问题的收集与遴选，方案的制订与实施，资源的调动与整合，呈现方式的选用与生成，均由孩子发起，家长和教师参与，园本、社会、家庭资源的调度和整合，材料与参与人之间的互动生成，形成幼儿园的探究式课程，即七 Q 课程体系。

二、敢于创新的课程生成模式

创新是引领发展的第一生产力。在我看来，创新也是幼儿园注入活力的主要途径。该园敢于创新，勇于直面问题，大胆捕捉孩子们的发展需要，即时生成诸多有意义和颇具深度的课程，同时敢打破常规，取消教案的编写，改而换之的是学案的编撰，充分提升了教师的教研能力，激发了幼儿学习的内驱动力，让教育无处不在，让学习无处不在，让孩子不断成长和获得新的生活经验。

三、构建立体的课程动态体系

立体性，是我对七幼课程的新体会。从他们的课程设计，到园长和我们的分享中，我们了解到，他们的课程建设是建园的主要抓手，就以足球课程为例，从主题选择，到认识足球，体验足球运动，再到足球服装的设计和挑选，最后到足球班级比赛等，一段时间下来后，课程在动态中生成了一定的体系，孩子乐在其中，教师也学在其中，深度思考、自主研究交替上升，同时家长也全程参与，这样纵横交错、立体构建的课程体系，成就和夯实了7Q课程体系，给我们呈现出来的是崭新和睿智、动态和"真学习"的课程体系图像。

正如向园长所说：幼儿园所有发生的事都跟孩子有关，孩子在哪里，课程就在哪里！问题在哪里，课程就在哪里！这是他们的课程观，他们坚信，课程是教师专业成长的抓手，也是幼儿园提质的抓手，我们和课程一起成长，我们和幼儿园一起成长，这是我们坚定的选择！

主题课程化，课程立体化。以课程建设引领全园建设。希望龙华七幼的课程建设能开花结果，行稳致远，福泽师幼的同时，为我们幼教领域贡献经验和策略。

最后，结合学习心得，向园长和七幼团队送上一首即兴打油诗：

众筹前行

——深圳市龙华区第七幼儿园学习体会

一日生活皆课程，

一物一行皆教育。

整合内化更高效，

主题学案助前行。

——2021年3月29日撰于深圳市熹时代loft精品酒店

与名园长交流就是畅快

读万卷书不如行万里路，行万里路不如阅人无数，阅人无数不如名师指路，名师指路不如自己感悟。

这四个层次的元素，在我看来，都非常重要，都是一个人不同阶段需要进行的成长工作。

出于对湛江市机关第二幼儿园陈园长的仰慕，今天早上我们在一起畅聊了将近两个小时，主要是管理方面问题，其中有些观点还深深触碰了我。现记录和谈谈几点如下：

一、园长的主要工作是团队建设

今天聊到这一块时，我分享了我的管理理念："清者自清，问心无愧。成人达己，成己为人。"陈园长思考后，随即进行了个人建议的分享。整体的意思还是觉得我的观点有点自我，落脚点还是自己缺少团队建设方面的思考。可见，陈园长对团队建设的重视，因为这就是一种根深蒂固的体现，一种思想的潜移默化，值得我这位菜鸟园长好好学习思考。

二、园长的工作需要有计划性

这一块，我是真心向她请教。这段时间有几位好朋友对我的评价比较高调，让我陷入两难。高调有人说，低调嘛领导不知道。后来在细聊和剖析的过程中，我们同时感受到中国的"中庸"之道，就是不偏不倚，不左不右，不上不下，这样的状态是最好的。以此看来，这真是个学问，需要好好领会与实践。

三、环境建设需要我们基于园情

机关二幼的文化建设主题就是鸡蛋花，因为她们的院子种的就是鸡蛋花，还有着一百多年的鸡蛋树。这就是基于园情的一种文化建设。说实话，我对这一块还是有着自己的理解。主题文化建设，必须基于园情，"在传承中发展，在发展中创新。"这就是生命力的体现，也是能比较服众的策略，能获得双赢局面。还有另外一种文化建设策略，就是基于社会发展需求。社会发展日新月异，信息时代更是不停歇，我们有时候必须基于社会发展趋势进行建设，但这样的文化建设，需要进行不断革新和换代，以确保他们的新鲜性，时代性，工作量很大，人力和物力都是比较重要的决定性元素。

交流是一种比较直接的学习和成长方式，它能让你实现"1+1大于2"的效能，实现一种融合体、共同体。

感谢陈园长的真诚以待，倾囊相授！

——2021 年 4 月 29 日撰于家中

真心教导

学无止境，学海无涯。站在巨人的肩膀上能看得更远！由于近段时间岗位的变动，我向调往广州市工作的谭校长进行汇报并请教，基于他对我的厚爱与期待，谭校长对我可以说是言而不留，让我陷入深思，使我感觉管理道路漫无边际。

现记录他的教诲和本人的思考如下：

一、系统管理。在聊天中，谭校长向我阐述了以下五个管理的领域：人是根本、物是保障、课程建设是桥梁、课堂是主阵地、评价是催化剂。在他看来，一个单位管好你的人最重要，是的，人是我们的生产力，如果我们能管理好，就能让我们的工作事半功倍，形成有活力的团队，这样自然就能高效完成所有工作，提升单位的社会地位，扩大教育成效，体验工作带来的快乐。物质自然是我们前行的保障，正所谓"兵马未动，粮草先行"就是这个理儿。课程与课堂，都是我们体现教育成效的途径，是需要我们去研究，去实践，去完善和改变的，而评价则是让我们的日常工作更加具体，更加高效的催化剂，也是实施制度化、章程化的必经之路。

二、新领导管理的诀窍：多倾听，少表达。作为一名新领导，由于学校好多内部政策没有熟悉，员工的性格特点没有了解清楚，学校发展方向尚未厘清，这个时候，自然就不应该多说话，而是多聆听。因为你只能通过聆听来了解大家，了解教职工，在深入了解的基础上，经过深思熟虑后，再表达自己的想法，不然你说出来的意见是很难站得住脚的，久而久之，大家对你讲的话、做出来的决策就不会信服，当你的公信力受挫时，管理起来就特别被动啦！

三、领导的威严是执行力。领导，自然就是引领指导，而不是亲力亲为，甚至是全包代办。作为领导，真正的威严，不是暴力，不是说教，而是执行力，如会议讨论的决议，就要坚持到底，形成较为科学而严肃的纪律，久而久之，形成自己的管理风格，自然就会在潜移默化中形成威严。

四、理念落到实处。我们教师说得最多的是给予学生"爱"的教育，但实际上有几位老师能做得到呢？扪心自问，寥寥无几。为何？因为实践起来难度非常大！总体来说有内因也有外因，外因是工作的环境所造成的，看到别人这样，自己也跟风，慢慢就会丢失自己的服务理念；内因则是自身韧性不够，由于缺乏坚持，所以自己都怀疑自己，在这种不自信的情况下，慢慢就会失去自我。基于以上的分析，我们作为管理者，要做的除了说教，更多的就是通过活动让"爱"的理念落地生根，通过科学评价机制来形成工作常规。

总之，学习永远在路上，本着"管理就是服务，工作就是修行"的理念，将继续听取和融合各位前辈们的教导，基于自身工作环境，不断内化提升，实现整体大于局部总和的目的。在此，我的愿景是：争取 3 年内做出特色，形成风格，让自己和团队更好地为区域教育做出贡献。

——2020 年 8 月 7 日撰于家中

生命的绽放

——参加心老师天之赋教育讲师苗子班第四期学习心得体会

人是社会形成的主要个体，也是主要研究元素。仔细考量我们身边的每一件事，都与人有关，只不过有些是直接呈现，有些是间接依托。人是以生命独居，也是以生命为本，活动的实施和事件的发生，都离不开人的参与和最终为了人类的更好生存而服务。

今天非常荣幸参加了心老师天之赋教育讲师苗子班第四期的学习。今天的重点是关系，围绕的是生命的绽放，不断探讨其策略和注意事项，现记录如下：

一、获得

作为学习者，你们的参与是需要什么？今天的讲座就是以这一话题打开交流的匣子。大家众说纷纭，各抒己见，有说需要成长，需要解决问题，需要寻找机遇，等等，我当时发表了自己的意见："是获得，是追寻，永远在路上。"在交流的最后，心老师阐述了自己的观点："学习与自悟。"（有所改动）这个观点，我是比较认可的，如果结合我的理解，最终的解释应该是："通过学习获得成长，通过自悟达成内化提升。"相信大家都会很认可。

基于以上这一点，我个人觉得，作为社会人，作为一名教育工作者，我们必须树立终身学习的目标，让"依靠学习走向未来"变为行动。同时需要我们每一位教育者，在学习的过程中，绝不能抱着接受和输入的态度，而是辩证研判的态度，快速结合自身实践，内化提升，形成自身的处事模式和思维，切实达到他山之石可以攻玉的成效，让自己成为一名幸福的教育者。

二、接纳

人与人之间的交往关系是基本。我们作为社会人，首先是面对每一个个体的人，当中有我们喜欢的，也有我们不喜欢的，但我们必须都要接纳，接纳他们的错误，接纳他们的缺点，不能抱怨，更不能放弃，而是去主动作为，承担责任，从而支持其改变或成为他心中的自己（正面）。这也正印证了"成人达己、达己为人"的道理。

三、滋养

今天的交流中，心老师阐述了人与人之间的交往，贵在"滋养"，形成遇见你成为更好的自己，或你我之间的关系，能让我们互助、互长，彼此收获成长和幸福。这也是解决职业倦怠，收获工作幸福的主要途径。

这是心老师的观点，在我看来，其实在单位的管理中，我们要注重每位教师的位置定位，必须提供平台或提供机会，让每一位想成长的个体都有机会成长，每一个可成长的个体都能产生成长的动力，当把被动转为主动之时，你的管理就成功了。

生命需要绽放，同样需要雨露的滋养，阳光的沐浴；生命需要绽放，同样需要我们其他生命体的接纳和支持；生命需要绽放，同样需要通过成功走向新的成功。

生命有限，绽放无限。

以下是此次活动中我的个人简介内容，现记录与分享如下：

扁舟之行

我是扁舟上的一滴水，
有点阳光就能灿烂。
我是幼教队伍的新员，
潜心学习必成己任。
我是幼教梦想追寻者，
需要搀扶需要自悟。

偶遇心语，
放飞精彩。
借力天赋，
砥砺梦想。

来日方长，
友谊永存。
彼此互长，
行稳致远。

——天赋教育苗子班谢宏卫自我简介 2021.7.23 上午

——2021 年 7 月 23 日撰于家中

第五部分　幸福教育　共情常在

共情，也称为神入、同理心，共情又译作同感、同理心、投情等。所谓共情，指的是一种能深入他人主观世界，了解其感受的能力。

在我看来，教育和生活都需要共情，都需要感化身边的你我他。过程中，需要我们用经验和自悟传递爱，需要我们用真情和真心描绘幸福教育的诗与远方。

深度调整心态　做幸福工作者

这段时间，我在管理上，遇到一个比较棘手的问题，那就是各部门之间相互嫉妒，相互猜忌，每个人都说自己的工作多，对方的工作少，虽然也进行了一番努力，也有一定的效果，但好像想从根本上去解决，还是存在一定的困难，如何是好？让我陷入沉思。

几经思索后，决定从以下几方面入手：

一、思想认识的提升。首先要提高他们的思想认识，让大家充分理解我们单位是一个整体，我们只是其中的一分子，既有着一定的权利，也有着应有的义务。我们要理解在一个单位中，存在着一种一荣俱荣，一损俱损的现象，每个人都是整体的一部分，都代表着园所的形象，因此，我们必须站在单位的角度，思考个人的问题。

二、岗位工作的认识。每个单位都有好几个部门，也有着自身的工作职责，这只是规定的领域，但基于单位发展的需要，经常会出现好多临时的工作，这些只能讲奉献，就近负责的原则进行处理，所以我们需要一种大局意识，自身价值意识，奉献自己的光和热。

三、站位高度的调整。我们都是整体的一部分，为了实现整体大于局部的总和，必须众志成城，团结一致，一个都不能少，一个都不能懒，不然，就会出现偏差，重轻不一致，自然就会产生不和谐的声音和不合时代的认识。

四、工作心态的定位。每个人活着就要有一种良好的心态。除了调整自身心态外，也要调整对他人的看法。五个手指伸出来都长短不一，这强调的是每个人的差异性，作为身边的伙伴，我们能做的也许只能是提醒、协助，甚至是宽容，不然双方都会很累。在这里，孔子在《论语》一书中跟徒弟子贡的一次对话中提及："恕可以终身行之者乎。"可见，如果我们每个人都有着"恕"的情怀的话，肯定就是一个和谐的氛围。相信大家都听说"冤冤相报何时了"？其实换个角度就会"心中有阳光您就自然有阳光"。我们的生活，更多的是"柳暗花明又一村"，秉着一颗善良的心，恕人的心，自然就会你乐我乐大家乐。

相信这样的情况每个单位都会有，但如何处理，应该是因地制宜，因人而异。我相信，只要我用心，总会有一天会烟消云散，雨过天晴，做一名真正幸福的工作者！

——2020 年 8 月 16 日撰于家中

难忘的履职经历

在新冠肺炎疫情依然猖狂的九月里，我开始了履职园长职务，也是第一天开启面对幼儿教育的历程。

在全体教职工的协作下，顺利完成了开学第一天的工作。回到家后，我随即进行总结，并发送集体红包给大家，庆祝开学顺利，并进行了有效的沟通。

但不管怎样，针对这一天的履职，还是谈谈我个人所见所感如下：

一、信任每一个人。今天的开学工作得以顺利开展，绝对不是园长，或几位中层就能完成的工作，是需要全体教师、班主任、副班教师、保育员、厨房人员等部门人员通力合作的成果。如此的话，信任他们就是我要做的，必须相信他们能行，他们能干好，给予他们足够的平台，这句"给我次机会，还你个奇迹"，绝对不是空穴来风，而是工作箴言。

二、团结每一个人。一个人走得快，一群人走得远。是的，我们身边每一个人，都必须树立团结意识，团队意识，化零为整，缔造整体大于局部总和的思维，这样的团队才会发挥集体力量，才会自觉地解决更多的问题，助力学校发展。

三、关怀每一个人。身边每一位伙伴，都需要我们的关怀，关心他人，就是关心自己。今天下午放学后，我们召开行政会，其中一项议程是讨论改非胡园长的绩效工资，一致认为最好给到最高，让我很是欣慰。一位退休领导，能够得到这么多下属的肯定和拥戴，实属不容易，绝对是我学习的榜样。这也是她 37 年来对大家的悉心关怀所得的回报！希望这份关怀能继续成为我们幼儿园的优良传统。

忙碌一天下来，感慨颇多，但可以汇成一句话，就是："人在做，天在看。种瓜得瓜，种豆得豆。不是不报，是时机未到。"

——2020 年 9 月 1 日撰于家中

管理中的"穷人的孩子早当家"

"穷人的孩子早当家"本来是形容穷人的孩子，由于父母为了生计而早出晚归，将会早早担起照顾家人和料理家务的重担。但在这里，我想说的是，由于我对幼教的不熟悉，让我现在的伙伴必须勇挑重担，担起每个领域的重任。

这一点，自从我任职以来，深有体会，就如我们的上一任园长所说："她们现在特别积极！"

其实这一点，对我来说，真的就是一次实施科学管理理念的机会。

在我看来，每个人都是有潜能的，就看我们是否挖掘得出来，使其发挥其应有的作用。

管理就是服务，工作就是修行。这不是一句空话，而是一句需在工作中永远践行的座右铭。

我作为一个单位的一把手，管得越多，下面各部门的自主行为就越少，久而久之就演变成依赖，甚至是包办，这是累死管理者的做法，同时是缺少凝聚力的做法。整体大于局部的总和，众人拾柴火焰高，每个人都是我们的合作伙伴，是我们的左膀右臂，缺一不可。

希望趁这一次机会，把我们的幼儿园管理带上科学发展的工作轨道上！

——2020 年 9 月 3 日撰于家中

退一步比进一步更难

每个人的发展，都有着一定的瓶颈期。这不，这段时间，我们幼儿园就有一位青年教师，她总受到家长们的质疑，在此，经过我们多次动员和引导后，终于向后退一步，让出班主任的岗位，重新开始。

这一决定，她也是经过几天的深思熟虑才做出的。对于任何一个人来说，这已经是最大的进步。

在这里，我想说，退一步比进一步更难。在我认为，进一步相对容易些，只要你努力和时机成熟，一切水到渠成；而退一步呢，别以为只要你申请，领导同意，应该就没问题。这大体上是不错的，但当你真正经历了，就会感受到其中的艰难。

进一步，对任何人来说，就是近期目标的实现，或是人生大目标的一小步，没有什么大不了，甚至不足挂齿。每个人心中都有梦想，哪怕不进步，原地踏步，也不见得是什么大不了的事。可对于退一步的人，他就不是这样想的，想的肯定是别人不认可我，想的是我不行，想的是我以后怎么办，自尊心受到践踏后的沮丧，这只有经历过的人方有体会。

所以愿意主动退一步的人，需要付出的努力绝对比进一步困难得多，因为内心这一关就难以逾越。

今天这位教师的事，让我对她多了一份尊敬和心疼，多了一份牵挂和期待，除了希望她快速成长以外，更加注重的是她未来能健康生活，毕竟这么年轻，如果就这样堕落的话，会让我感觉到可惜中带有强烈的负罪感。

希望大家用"守护萌芽，静待花开"的办园理念，多份理解，多份帮助，给予我们的同伴成长的空间，让其慢慢成长，也许奇迹就会出现！

仅此拜托大家啦！

——2020 年 11 月 9 日撰于家中

人生因为不断攀登而变得美丽

湛江的寒冬旭阳高照，虽然有一丝丝的寒意，但给我的户外活动带来的是无限的乐趣和较高的期许。

今天，是我大女儿成长路上一个比较有意义的日子。因为她这一次短期的训练，使她在广东省航模大赛上获得了天欧项目女子第二名，一等奖，这是她参加省赛最好的成绩。是不是值得庆祝？

过程我暂且不说，仅这种综合能力的锻炼，成功的体验，不断攀登高峰的生活就是学生时期最好的经历。所以，下面我对人生勇登高峰的品质，谈谈我的体会和认识如下：

一、多彩人生体验就是高峰。人生因为多彩，才更加精彩。是的，社会之大，能够接受和驾驭多彩的人生，多样的活动才能迎来人生高峰的体验，经历与常人不一样的人生。

二、敢于尝试实践就是高峰。生活处处是学问，人生处处是陷阱。但只有敢于尝试的人，才能体验到成功登峰的味道。有的人总觉得，我的人生是享受的，不是用来受苦的，其实非也！你想体验到真正的幸福，长期的幸福，必须通过不断的奋斗，通过大胆的尝试和实践，否则一切都是浮云，一切都免谈，哪怕得到一时的快感，那也只是流星过客而已，不长久，不会开花结果，更不会形成常态。

三、成功才是成功之母。浙江大学胡海岚教授提出"胜利者效应"，指的是不断的小成功，才能获取大成功。"成功才是成功之母"，就以这一次的参赛获奖来说，虽然在她的人生历程中，不见得是一件很了不起的事，但对近阶段来说，绝对非同一般，因为她从这里，获得了小小的成功，不断的小成功体验，其实就是为迎接未来大成功做铺垫。所以作为父母，怎么能不付出呢！

总之，生活的精彩，永远属于勇于攀登高峰的人！伙伴们，你是否是其中的一员呢？赶快加入吧！

——2020 年 11 月 29 日撰于家中

辩证聆听他人的评价

——廉江忠哥农场之旅

渴望得到他人的赞赏，是每个人毕生的追求，也是马斯洛需求层次理论中最高层次"自我实现"的显性特征。

今天有幸参加由几位朋友组织的摘橙子体验活动。在活动中，我受到了比较高的重视，物质与精神两方面都有。物品方面就不做记录了，但精神方面的鼓励主要是表扬我对前辈的照顾，对工作方面的设想非常大胆，且这么短的时间就能有所成效。

基于以上的赞誉，我必须保持清醒认识，辩证聆听与消化，现谈谈初步感悟如下：

一、深度交往必须继续。任何理念都是需要在交流讨论中不断总结，这样比较方便，也更加容易得到合理的建议。再说，只有不断交流，才能增进我们彼此之间的了解和感情，这样自然而然就会产生共鸣与得到更多的支持。

二、不能迷恋前行路上的鲜花。我们前行路上，是需要鲜花和掌声的，这也印证胡海岚教授"胜利者效应"的道理，但我们追求的是诗与远方。所以，前行路上的鲜花固然漂亮迷人，但绝不能迷恋，因为你的迷恋就是自恋、自傲，是你前行路上的绊脚石，或是一道坎，只有继续砥砺前行的人，才会看到后面更多更艳的鲜花，赢取更多更热烈的掌声。所以处于这一时期的人，应该努力做一位高情商的人，正如《菜根谭》中所云："宠辱不惊，闲看庭前花开花落；去留无意，漫随天外云卷云舒。"

三、坚持方能出成果。不积跬步，无以至千里；不积小流，无以成江海。常常做，不怕千万事，日日行，不怕千万里。每一项工作都是积累一定的量后，才能迎来质的蜕变。所以，滴水石穿，不是没有道理。

学习永远在路上。依靠学习，走向未来。我将继续行稳致远，盘活各方资源后，用自己的智慧和情怀砥砺我的幼教梦想。

——2020 年 12 月 19 日撰于家中

与智者同行　我们奋进着

——向李局长汇报工作后的心得体会

在节日的早晨，很荣幸得到上级领导的指导，在办公室长聊了 90 分钟，还意犹未尽。

我们畅谈教育情怀，教育思想，未来教育走向，在聊天中，我再一次沐浴了李局长的教育情怀，一位刚涉足教育领域 2 年时间的教育强人，让我从心底里敬佩，也陷入深深的思考。

下面以聊天为介，详细记录如下：

一、教育就是一种唤醒

教育是什么？德国哲学家雅斯贝尔斯在《什么是教育》一书中给出了一个最好的解答："教育就是一棵树摇动一棵树，一朵云推动一朵云，一个灵魂唤醒另一个灵魂。"今天的交流中，李局长提到了跟以上解释不谋而合的观点，那就是"教育其实就是一种唤醒"，而不是"传授和给予"。我当时一听，不由得震撼并给李局长竖起大拇指，以表达我对她的敬佩！这其实说明，我们的李局长是教育的行家，是我们教育战线这么多同行们的导师。今天的聊天，李局长阐述了自己对教育的观点。虽然是短短的一句话，但充分证明，李局长心中的教育模样，李局长心中各学段课堂的呈现模式，以及我们作为教育者应该长期思考的话题。是人云亦云，是唯师论，还是给孩子一个成长的空间，思考的空间，每一位工作者都必须进行深度思考！此时此刻，我也分享了叶圣陶先生对教育的阐述："教育是农业，不是工业。"这其实就是一样的境界。因为农业需要时间，需要过程，需要呵护，需要耕耘，而生长出来的农作物，绝对是独一无二的，这就是我们的教育，而不是像工厂一样，每一个产品都是一个模具出来的，否则就不合格。

鉴于此，只有"唤醒"才能激发其内驱动力，才能成就每个孩子的梦想，否则，孩子的个性没了，孩子的思考空间没了，慢慢就会变成一个没有主见的，唯他论的人，活在他人的世界，没有了自我，想想这样的人生幸福吗？是你想要的吗？答案绝对是不言而喻！

二、工作就是一种信任

"用我们的信任，让每个人发光。"是的，每个人都是独一无二的个体，有其非常明显的个性特征和个体潜能。作为管理者，我们必须给予足够的信任，否则工作成效一定是事与愿违。大家试想一下，你安排一项工作给别人，还整天指指点点，那还不如自己去实施！但试问，你有三头六臂吗？你有这样的时间和精力吗？只要慢慢琢磨，自然就明白了！

在聊天交流中，李局长还提到了她育儿的"十字原则"，那就是"责任、信任、鼓励、帮助、耐心"，李局长阐述了其中的意思和她的实践心得，并说明这是一种相互的角色定位，不专指哪一方，融合了八卦图的理念。可以说受益匪浅，茅塞顿开，醍醐灌顶，让我对她的崇敬油然而生。现以"责任"这一点记录如下：

"责任"。在李局长心中，每个人都必须有责任的意识，也必须从小进行培养和训练。孩子有孩子的责任，比如每天的课业，自己的事情自己做，等等。这在潜移默化中，练就了孩子的责任意识，且慢慢会感悟自己的得与失，形成总结反思的习惯，为未来的发展树立一种"责任担当"，树立一种正确的人生观，而不是推卸责任，逃避责任。

三、情怀就是一种奋进

在跟李局长聊天交流的 90 分钟里，我深深感受到她强大的教育情怀。从她对园所文化建设的理解，到对教育观的阐述，其实骨子里，她有着自己的教育情怀和教育蓝图，那就是"文化育人""一枝独秀不是春，百花齐放春满园"。虽然是简单的一句话，却有着言不尽道不完的寓意。

"文化育人"。文化建设，是一所幼儿园（学校）的精气神，是一所幼儿园经过长时间积淀后，留下的园史文化结晶，这不是一蹴而就，也不是昙花一现，而是自然而然，孕育而生。所以这是一项长期的工程，一项智慧工程，更是一项基于实践，又高于实践的工程。现如今，我们的园所文化建设，出现嫁接现象比较严重，肤浅化比较普遍，因为为了应付检查，他们只能借鉴别人的，没有自己的思考，也没有基于园史，所以检查过后，涛声依旧，检查前期临时加班加点的工作后就销声匿迹，抛到九霄云外，这就是典型的应付和资源浪费。在这一点，我也分享了我的理解：文化主题建设，必须基于园史，又高于园史，必须渗透到具体的课程或常规课程，形成特色课程化，课程特色化，让孩子和教师在日常活动和工作中，就能夯实和践行特色建设和发展，而不是任务的叠加或附加。甚至可以作为一项常规的教研活动，实践化，行动化，成果化，让文化主题建设显性化的同时，丰实内涵发展。

"一枝独秀不是春，百花齐放春满园"。这就是大教育追求的初衷，也是最高境界。现如今，我们有些市区在这一领域，已慢慢形成自己的特色，有着自己的实施经验，但大部分，还是在单打独斗，没有形成合力，没有形成研究共同体。所以，死水现象比较严重，甚至比这更加严重。在交流中，我们共同探讨了将来必须构建属于我们自己的集团建设格局（如一年一度的幼教教研成果论坛交流会），融入我们的教育理念，让我们的研究成果有平台展示，让我们的品牌建设更具特色，助力青年教师的成长，助推各园特色建设和研究成果走出去，不断形成"要我研"到"我要研"的转变，"要我学"到"我要学"的蜕变。

用李局长的话来说："幼教其实已经迎来史上最好的春天。"是的，我们深信，在各级政府的重视下，在局班子的领导下，以及各级幼教人士的努力下，一定能谱写霞山区幼教更多"春天的故事"。

与智者同行，我们成长着；

与智者同伴，我们思考着；

与智者同进，我们幸福着；

与智者同谋，我们奋进着。

征途漫漫，唯有奋斗！

勇往直前，创造辉煌！

——2021 年 1 月 1 日撰于家中

从哪里跌倒就从哪里爬起

大年初二，在没有任何任务的情况下，我们一家三口去银帆公园散步，顺便带女儿玩玩滑板车。

对于滑板车，我大女儿在平地上玩基本是没问题的，但她从没试过陡坡下滑，所以在一段斜坡中，由于心理承受能力的问题，造成她跳下滑板，直接趴在了地上，双手掌和两膝盖全被划破，还不停地渗出鲜血，可见比较疼痛，所以女儿不停地在哭。

本以为她不敢再玩了，可能需要回家了。但在她妈妈和我的鼓励下，改为在平地上玩一玩，慢慢地她就把这件事忘了，又开始进入自己的快乐世界。经过绕湖滑了一周后，看见她对斜坡和速度已有了很大进步，于是我提出，"从哪里跌倒就从哪里爬起"，提议她回到刚才摔跤的地方，战胜自己。

就这样，在我第一次的撑扶下，她慢慢适应了斜坡的速度。在第二次挑战时，就基本不需要我的保护了，但又出现新的问题，由于接下来还是滑坡，所以面临着如何停止的问题。随即我提议，滑进草地后，再跳出来，就这样她经过两次的挑战，终于克服了原来的困难，适应了这一滑坡的速度，在没有任何保护的情况下，战胜了自己。最后她也露出了灿烂和胜利的笑容。

虽然是一件普普通通的活动，但对孩子来说，却是一次大大的教育。她从此就懂得了，失败和摔跤并不可怕，只要我们慢慢适应，总能找到解决的办法，一切都可以从头再来。但如果我们害怕了，从此就留下抹不去的阴影，慢慢地心灵就变得非常脆弱，特别是对失败更加无能为力，这是非常不好的心理现象。因为人生路上，征途漫漫，困难重重，不可能一帆风顺，也不可能一切都随心所欲，总会遇到险阻，总会遇到风雨，如何避免，如何克服，真的需要我们教育者和父母，给予他们平台，给予他们力量，让他们不断成长，心灵不断强大，到一定时期，他们就能独自飞翔，独当一面。

人生路上无小事。人生路上事事是教材。希望我们做孩子成长路上的有心人，让他们健康茁壮成长。加油！

——2021 年 2 月 13 日撰于家中

任何时候开始学习都不算迟

"依靠学习，走向未来。"学习是人类永恒的主题。

但我们经常听到，"我明天再开始学习，今天先休息休息。"就在这样日复一日中，让岁月不断蹉跎。

在我看来，人的学习，任何时候开始都不算迟。我就是一个最好的例证。

我在读书期间，除了应付学业，根本没有时间进行阅读，因此，文字功底薄弱，但回来工作后，意识到问题的严重性，所以我在为自己的梦想不断积累，开始读书，开始做笔记，最近 4 年，坚持撰写生活日记和教学后记，并且不断得到意外的收获。现谈谈学习带给我的启发：

一、思维更加理性

思维决定出路，格局决定结局。是的，通过不断的学习，让自己的思维更加理性，主题明了，使听者舒服，有效提升自身的影响力。

二、讲话更具高度

讲话是人类沟通的主要途径。不管你的位置高低，讲话就是人的外衣，得体大方，温柔典雅，引经据典，自然就会引发听者共鸣，彼此产生共情，自然就能提高听者对你的认可度，成就人生路上幸福的自己。

三、做事更有激情

学习其实就是一种长知识和见识的有效途径，也是增强我们做事热情的有利策略。

"德随量进，量由识长"，告诫我们，唯有学习，方能长见识，长了见识方能提升自己的气度和气量，然后提升自身品德的修养。然后在这样的氛围中，呈现出有热情，在状态，有成效。

四、策略更能落地

我的工作策略是："择高而立，贴地而行，落地开花。"任何策略，不管是优还是劣，最重要的一点就是能落地、能实施，然后就是开花结果，否则，一切都只是空中楼阁，镜中之花，永远停留在表层，缺乏生命力。而学习，则会让你晓得，在工作中怎样的策略才能落地？过程中如果出现挫折，应该如何调整等。

学习是我们成长的路径，什么时候开始，都不算迟，都会出成果。希望我们每一位教育工作者都能尝试学习的味道，然后爱上它，迷上它。

——2021 年 4 月 30 日撰于家中

致敬青春　奋力青春

青春，就是年华，就是奋斗的最佳时期。

今天是五四青年节，源于五四运动，这一运动，具有里程碑的意义。"每一个时代都有一个时代的长征，每个时代都有一种时代的担当。"是的，现如今没有抛头颅洒热血的需要，但却需要奋进担当的时代青年；没有万里长征的艰难险恶，但却需要"先天下之忧而忧，后天下之乐而乐"的国家脊梁。

在我看来，每个人都有着自己的责任，有些侧重个人，有些侧重家庭，更有些就是站在国家的层面，所以，既然你选择了，就要承担起这一责任，毕竟没有小家，也就没有大家，或没有大家，也不会有安宁的小家。这其实就是相辅相成的。

这段时间，我在不断思考，我已经处在一个能决定自己人生的平台，已经在一种服务大家的平台，如何落实？如何引领？真的费了好多心思。虽然暂时没有结果，也没捋出雏形，但我一直坚信，只要我继续寻觅，总会有找到的那一天。因为辛弃疾的一句话，一直敦促我前行："众里寻他千百度。蓦然回首，那人却在灯火阑珊处。"

虽已是中年期，但我依然青春，但只要我在这个岗位一天，我就必须奋斗一天，并且为了梦想而砥砺奋进。

——2021 年 5 月 4 日撰于家中

试谈投资论

投资是每个人一生的活动，有情感投资、精力投资、自己投资等等，基于这段时间发生的事情，我试谈一下投资的感想。

一、精力投资

在《格局》一书中，一句话让我感触很深，那就是"对自己的投资是最不会亏本的。"这里我着重说的是精力投资，也就是自己的努力。是的，自己的努力，是提升自身能力途径，是有助于成就自己的梦想，虽然不一定立竿见影，甚至颗粒无收，但这一过程，本身就是一种成长，时机到了，一切都会向好的方向发展。正所谓"越努力越幸运。"

二、情感投资

情感投资除了为了成就家庭之外，还有就是朋友之间的情感培养，同龄人之间的感情培养，工作伙伴或上下级之间的培养。有些人很是不理解，我又不需要他，彼此之间又没什么交集，为什么花心思去培养彼此之间的感情？殊不知，我们这一经历，本身就是一种情商的培养和提升，本身就是一种技能的训练和品质的体现，更何况，一切皆有可能。就像我曾经的顶头上司，原来跟我根本不着边，兜了几圈后，在某一时期成为我的直接领导，由于平时我们经常交流，所以沟通起来更加顺畅，彼此之间信任指数更高些。

通过以上的分析和思考，使我想起这样的两句话："种瓜得瓜，种豆得豆。""春天辛勤的耕种，才能换来秋天美美的收获。"是的，任何行为，任何投资，绝不能只追求结果，过程也是我们追求的目标，一样带给我们快乐和收获。

——2021 年 5 月 7 日撰于家中

在抉择中成长

这段时间，由于教育局新局长到任，大家都在探索、规划、考量，不断地在察言观色，也在辩证提炼，争取找到最合适的融合点。

但不管怎样，我相信领导永远重视勤劳、睿智、专业的教育者。基于此点考虑，谈谈我的体会如下：

一、坚守岗位

坚守好自己管理岗位，落实好自己的岗位职责。因为这就是我们的责任，就是组织给我们的任务。所谓"在其位谋其职"，这就是最好的诠释。同时我们也需要确定我们该做什么，不该做什么。

二、坚持教研

教研是学校教育的生命线，也是重中之重。在我看来，教研才是我们的本职工作，如果你是在教研的路上，甚至潜心扑在教研上，准没错，因为这才是我们的看家本领，也是每一位教育者的看家本领。像教育部下发的教师4大能力中，提及"一践行，三学会"能力要求，就是师德践行能力、教学实践能力、综合育人能力和自主发展能力，不管哪一种能力，都跟教研有关，通过教研都能提高教学水平获得成功，或都能水到渠成，效果显著。

三、坚定方向

方向是行动的指南，虽然要求与时俱进，但终极目标永远不能动摇，尽量避免时而东时而西，必须深挖井，让梦想或理念在自己的坚持下落地生根，开花结果。这一点我非常有体会。就拿我坚持写日记4年多来说，成效不言而喻，变化有目共睹。

虽然我慢慢悟出些门道，但是具体的还得看看未来的实践，将以时间为标准，成长为目标，让自己永立不倒，四季常青。

——2021年5月8日撰于家中

自发的学习方式和教研才是最佳的

——参加广东省教育信息化教学应用创新实践共同体项目培训

今天在佛山市南海区教师发展中心进行为期两天的学习与培训，主要是各项目校共同体的中期汇报，并以此为契机，做好终期验收工作的布置。

上午聆听了两位专家的专题分享，下午聆听了四个共同体的汇报，综合起来，给我的启发就是自发的学习和教研模式才是最佳的方式。下面谈谈自己的几点思考：

一、书籍引领

在讲座和交流中，我了解到关于学习共同体的几部著名著作，如温格的《情境学习：合法的边缘性参与》，还有《实践社团：学习型组织知识管理指南》、佐藤学的《学校的挑战——创建学习共同体》《新体系·微课程教学法》，在交流中，所有专家学者都强调了学习共同体的重要性和高效性。

二、源于自发

在汇报中，大家都非常重视共同体建设的策略性，特别关注共同体建立的源头、过程、现状和成果。在他们看来，不是自发式的共同体，就缺乏内驱动力，缺乏奉献精神，缺乏方向和毅力，自然就会是功利性，甚至是昙花一现，行不稳，更走不远。

讲座中，还提及好多策略，特别是高效学习的策略，如翻转课堂等，在这就不一一赘述。明天是优质案例的分享会，将继续聆听并学习。

——2021 年 5 月 20 日撰于佛山市南海区教师发展中心

研究规划和程序都很重要

——参加广东省教育信息化教学应用
创新实践共同体项目培训心得体会

且行且思，且思且长。在两天的学习中，我看到了比较优秀的共同体研究项目，也看到了有待提升的项目汇报。

有待提升的项目汇报我就不做记录和评价，现只记录一下我自己的感悟：

一、做研究规划很重要。我们经常说："不打没有准备的仗。"言外之意，就是没有做好准备，就别动，以免劳民伤财，徒劳无功。是的，这一次的汇报，我可以看得出，有些共同体项目很真实，确确实实在搞研究，依靠互联网，在发挥着共同体的效能。但也有部分共同体项目，一听就知道是在拼凑，在搞所谓的共同体。我们经常说"种什么种子就会结什么果实。"是的，规划就是种子，有了规划的种子，才能结出想要的果实。

二、做研究程序是引擎。我们经常说："没有规矩就不成方圆。"规矩，会被理解为条条框框，在这里我的理解就是程序。共同体是一种实践的群体，我们需要组织，需要引领，靠什么？靠的就是程序。让大家按照既定的程序进行深度研究。这一场分享中，让我比较认可的程序就是："问题提出—提出方案—共研共讨—实践验证—成果推广。"其中第二项至第四项，可以不断地反复与优化。这其实体现的就是一种研究程序，问题是研究的起源，成果是我们的目标，但中间的 3 个程序，却是我们这项活动的桥梁，把问题和结果连在一起，所以，这就是引擎。

两天下来，我最大的感悟就是做研究必须脚踏实地，有自己的想法与规划，基于本土特色，不断走向深入，让研究开花结果，虽然可能不是让人喜欢的玫瑰花，但起码是我们辛勤耕耘的结果，虽然不是硕果累累，但起码是可视性的星星之火。

研究需要规划，需要程序，希望每一位研究者都能领会，并付诸行动，让真研究伴你身边。

——2021 年 5 月 21 日撰于家中

真正的领导风范

——区主要领导莅临二幼进行六一儿童节慰问工作后感

领导的作风，决定了区域运行的顺畅程度。

作为区委的一把手，做事的风格就要雷厉风行，直面问题，切实为一线教职工和群众解决问题。

整个慰问约 20 分钟，但我听到最多的就是如何解决基层问题的工作安排，如疫苗接种的特殊人群安排，如天气炎热各个教室的空调是否已安装，再如厕所改造、监控设备、墙面改造等，都需不断跟上，切实保障孩子们的生命安全和健康成长。

在检查疫情防控工作中，我提出我们幼儿园的四个原则，即在执行上级相关文件精神和要求的基础上，我们坚持以下四个原则："把好入门关，管好园内事，关注新形势，追踪缺勤者。"以上概括性的回答，得到了书记的高度赞扬和认可。

虽然还提及好多，但给我的感觉就是直面问题，切实为一线教职工和广大孩子做好服务工作。

这就是领导，就是人民的公仆形象，一种真正的领导风范。

"当官不为民做主，不如回家种番薯。""先天下之忧而忧，后天下之乐而乐。""鞠躬尽瘁，死而后已。"这一句句名言警句，都是在歌颂和警示各位人民公仆的职责和使命。今天的活动让我备受鼓舞和欣慰，因为我们有这样一位亲民、恤民、为民的领导。

基于以上的分析，以个人单位为基础，我谈谈自己的几点看法如下：

一、工作就是要为师幼做事。一位园长就是一所幼儿园的领头羊，你的一举一动决定了全体员工和孩子的发展方向，是以服务为目的，还是以索取和管制为方向，值得我们深思。在我看来，作为领导者为下属做好服务工作才是工作重点，千万别忘了一线教师和孩子才是我们服务的对象，也是我们获得幸福感的主要来源。

二、个人能力非常重要。作为领导，综合能力很重要。正如一位领导所说，领导干部需要练就这样的本领："提笔能写、开口能讲、遇事能办、问策能对。"非常有道理，能写能说是基本技能；能想办法处理事情是岗位需求，是领导委以重任的主要目的；在他人反映问题时，你随机就能说出几点具有可操作性且科学的计策和手段，那代表你是一位有想法、能办事的领导干部。这些能力，说起来容易，做起来是非常困难的。

三、策略选择才是关键。任何一件事，到达目的的道路千千万万，但有人直来直去，碰得头破血流，还不回头。而有些人，就能与时俱进，能屈能伸，经常达成"柳暗花明又一村"的效果，不断积累公信力，积累人脉和信任，为后面每一件事的完成打下坚实的基础。

总之，作为一名合格领导，除了情怀，还需要具备品格和能力，不然一切就会大打折扣，甚至只是纸上谈兵罢了！

——2021 年 5 月 31 日撰于家中

相遇到圆梦

——致温度管理"你的温度我能感受"系列活动

一次相遇，一世情缘；

一世情缘，一段记忆；

一段记忆，一腔感恩；

一腔感恩，一生幸福。

常怀感恩，永生快乐；

幸福教育，快乐相伴；

温暖彼此，精彩你我；

坚定信仰，必将圆梦。

——2021 年 7 月 10 日作于温度管理"你的温度我能感受"会议现场

任何善举都会得到回报

我们经常说："善有善报，恶有恶报。不是不报，时候未到。"今天我再次感受到这句话的真谛。

今天上午，本来是党支部的组织生活会，是进行批评与自我批评的会议，是对我们几位支委和班子成员进行批评，但梁主任非常情感化，借用这个机会对我进行了表扬，说在北京执行任务期间，是如何无微不至地关心和照顾她，让她非常顺利完成任务。

她的表达，让我很是惊讶！在我看来，她才是我们的功臣，我只是做了后勤与心理疏导工作而已，但却给梁老师留下了深刻的印象。

基于这一点，我想表达我的看法是任何善举都会得到回报，只是时间还没到而已。下面谈谈自己的几点看法如下：

一、来自真心的善举很容易感染人。为什么这么说？有些善举是做给别人看的，有些是被逼的，但如果你是出自内心的，我敢肯定，一定能感染人。毕竟你的举动是自然的，你的善举一定会发挥极大的助推作用。

二、善举不分大小，只要输出就能助力人。我们经常说，不以善小而不为，不以恶小而为之。是的，不一定要等着轰轰烈烈的善举才付诸行动，那是不现实的，毕竟不积跬步无以至千里，任何事情，都是一件一件去完成，哪怕是小的，不让人察觉的。在我看来，这些星星之火，是一定能燎原的。

三、善举的输出，不能乞求回报。如果你把善举和回报画上等号，那就不是善举，而是谋利，这是有悖于"善"字的初衷，同时，有些善举，也许永远得不到回报，或很长时间都没有得到应有的回应。在此，我还是建议大家换一种心态去面对，那就是"赠人玫瑰，手有余香"，这样的心态，你对自己的善举就会变成一种心灵的鸡汤，而不是利益的攫取。

总之，生活中我们无时无刻需要别人的助力，同时也在无时无刻助力别人，完全是一个比较互补的共同体，希望每个人都能献出一点爱，让世界变成美好的人间。

——2021 年 7 月 15 日撰于家中

文化的足迹

这段时间，我都在赏读余秋雨先生写的《中国文化课》一书，同时还非常认真，时不时停下脚步，重复阅读和进行机械记忆，有时还出声朗读起来，以身临其境的方式体验其中的奥妙。以此可见我对这本书的喜爱程度。

到今天我已阅读 1/3 左右，虽然还没有比较清晰的思路，因为毕竟才阅读到唐朝大英雄与书法家颜真卿，只是略知一二，尚未全面。但我却对文化的足迹有着比较深刻的认识。现基于个人的阅读体会，谈两点如下：

一、走出来的文化。从最初的老子到孔子、墨子，都是采取游学的形式进行传播文化和思想，带着诸多弟子游世界，用余先生的阐述，就是一种走出来的文化，生于山水间，又融于山水间，没有功利，没有私利，就是一种和平的传播者，知识与思想的传播者。这一段历史，让我感触很深。因为作为文化创始人，当时都是不被重用的人才，但他们的足迹和行动却穿越几千年，保留到如今，而且依然是我们的座右铭，依然可以引领我们的思想建设，这真是不得不惊讶和敬仰。

二、碑子文化。今天的阅读，我印象最深的是余先生要求文人走过的地方，特别是有文字留下的地方都应该立碑纪念，既达成纪念价值，同时也可以形成一种足迹导图，方便学者考究，让文人的思想发扬光大，让每个地方都能重视历史文化建设。如果能实现的话，我们的文化教育也许离余先生提出的"文化回到山水间"的境界就不远了。

文化足迹是文化的身躯，有了足迹，方能让世人皆知。文化足迹是文化的血液，有了足迹，才能展现活力。根据这本书的解释：文化，是一种成为习惯了的精神价值和生活方式。它的最终成果是集体人格。是的，有些精神价值、生活方式、集体人格已家喻户晓，但有些还依然沉默于历史长河中，未见天日，不为人知。所以个人呼吁："只要有机会，还是应该注重和完善文化足迹的建设，让文化活起来。"

——2021 年 7 月 27 日撰于家中

简单就是快乐

其实快乐真的好简单！有知足者常乐，有发现美的快乐，有自娱自乐，等等。

在我看来，作为社会个体的人，简单就是快乐！

何为简单？相信好多人都有着自己的答案！而且这些答案都是自己认为最为正确且独一无二的。在我看来，简单就是随心所欲，因势利导，水到渠成，让自己活出自己的样子。如何做得到？个人认为可以从以下几方面入手：

一、大梦想小脚步

梦想是一个人的指明灯，脚步迈开的方向。但梦想往往是宏大的、遥远的，绝不会是一步到位，或是连看都看不到的，因此，有些人望而却步、停滞不前，不敢迈出一小步，永远停在原地或向后退缩，这些都是不可取的。当你把大梦想分成 N 个小脚步，而且这 N 个小脚步是基于你的现状，你的资源的话，慢慢地，大梦想图像就会向你走来，一切都是那么随心所欲，一切都是那么自然而然。

二、大胸怀小行动

世界上最大的是海洋，比海洋大的是天空，比天空大的是人的胸怀。是的，我们必须拥有一个大于天空的胸怀，用这一胸怀装下整个世界。但这说起来容易做起来困难，需要我们付诸每一次小小的行动，甚至可以说不足挂齿的行动。也许好多人不理解，我举个简单的例子，比如你想做一位乐观开朗的人，首先需要的就是面对生活要释然，面对身边的人要微笑，面对自身的对与错需要接纳和宽容等，当你切实做到后，乐观开朗就会永远伴你成长。

三、大智慧小策略

我身边经常听到"谁谁好聪明""谁谁谁非常醒目"等等，但当你静下心来慢慢观察时，就会发现，它里面是有一定奥秘的。个人认为，奥秘在于她的策略敏感度。一个表情透露一种心态；一句话语说明你的态度；一次行动证明你的方向。试想，有谁注意啦！我们经常说："千里之堤溃于蚁穴。"我觉得已经足够说明它的重要性。大智慧需要一个又一个的小策略来证明和丰实，一个又一个的小策略同时也需要有一个大智慧来指明方向，两者相辅相成，辩证统一，形成了一种"大家好才是真的好"的关系。

简单，就会快乐，但需要有"简单"的胸怀和智慧。简单，就会快乐，但需要有"简单"的追求与执着。

祝愿每一位伙伴简简单单，快快乐乐！

——2021 年 7 月 26 日撰于家中

第六部分　幸福教育　自悟远航

读万卷书不如行万里路，行万里路不如阅人无数，阅人无数不如名师指路，名师指路不如自己去悟。

是的，正如歌德所说："理论是灰色的，而生命之树常青。"

本人从任职园长以来，非常注重自身理论的感悟和提炼，时刻用于助力思想的洗礼，精神的升华，品德的锤炼，能力的提升，以自悟向着幸福教育的梦想扬帆远航。

面对幸福的工作和生活，笔者感触万千，一年来经常用笔记录下当时的感悟，现分享和共勉 200 条短句如下：

1. 工作不能操之过急，不然，由于你的急于求成将会造成不可挽回的后果。

2. 生活本来就不易，如果老是跟自己过不去，你将会生活在无比痛苦之中。

3. 心存感恩永远是一个人做事的原则，因为只有这样，你才会过得开心和安心。

4. 两个好朋友要有共同的志向，正所谓志同道合，两个不同的人组成恋人，也需要共同的兴趣爱好，这样才能更好沟通。

5. 家庭的和睦需要相互迁就，如果不是违反原则性的建议，那就算了吧！

6. 身体健康永远是一个人的首要财富，不然，一切都免谈。

7. 人生真的需要高级感，因为这样的你就有了生活的斗志。

8. 学习真是人生进步的主要途径，因为这样才能保证你谈资新鲜，有高度，自我感觉良好。

9. 害人之心不可有，防人之心不可无。这是一个人做事的准则。永远记住：小心驶得万年船。

10. 执政者只要没有私心，就能放开手脚，因为你是坦荡的，干净的。

11. 做事态度是第一位。

12. 作为领导，适当的妥协，也是一种温度的表现。毕竟好多工作都需要合作，都需要理解，更加需要忍让。

13. 人与人之间的交流，从心开始。

14. 工作重在沟通，沟通能让你的一切都是那么水到渠成。

15. 友情从沟通开始，大胆沟通又从信任开始。

16. 工作要有规划，才有方向。

17. 只有信任才会胜任。

18. 做人就要努力做一位厚道之人，不然人在做，天在看，不是不报，是时机未到。

19. 人在社会上，不管位置如何，谨言慎行非常重要，以免落下把柄和笑话！

20. 是朋友就应该真诚以待，不然永远没有知心者！

21. 守住自己的职业就是对自己的尊重。

22. 人生需要几位知己，不然，所有的心声就会被压在心底，没机会面世，也没能让实践者得到应有的释怀。

23. 每个人都要坚持自己的本色，专业的本色，让其影响他人和牵引自身全面发展。

24. 善待他人就是善待自己，善待下属就是善待工作。

25. 每一项的工作我们务必依法依规，任何的红线绝对不能触碰，以免引火烧身。

26. 作为一把手，不能避开的事情，就勇敢面对。

27. 管理就是服务，让教职工幸福就是我们管理服务的主要工作。

28. 每个单位的人不可能都是优秀的，也不可能永远团结和谐，总会存在不同程度，或不同领域的矛盾，但只要我们是用心在工作，多站在对方的角度着想，一切事情都会有最好的解决办法，找到最大的公约数。

29. 一个单位要有灵活的奖罚制度，特别是奖励制度，这是激励职工永远向前的原动力。

30. 心存感恩，自然就会活出自己的状态。

31. 有担当的干部，一定会留下好的历史印迹。

32. 研究既有共性，也有个性。共性是大家的框架是一样的，办法、思路是差不多的，但个性却是由于内容、要求的不同，我们需要采取不一样的手段。

33. 学习永无止境，如果我们树立终身学习的心态，一切都会向好发展，甚至弯道超车。

34. 夫妻之间，多些理解，多些分享，也许甜蜜就是从这样的点点滴滴开始，幸福一生。

35. 任何一个平台，都是只有你想不到，没有你做不到。毕竟每个单位都需要向前发展，在改革浪潮中，绝对是不进则退。

36. 一个单位的发展，人才储备非常重要，因为只有人才能做事，才能让政策制度落地开花。

37. 单位的管理，一味地严厉或宽松都不是最好的，应该是有针对性，张弛有度，不然，你的一切就会在"水能载舟亦能覆舟"和"物极必反"中失去效能。

38. 管理原则：服务一线、搭建平台、谋划发展。管理就是服务，切实下到基层，做好保教服务工作；为想做事、会做事、做成事的职工搭建平台；为未来的幼儿园谋划好、实践好、发展好。

39. 我们要协调好内外的事务，不能偏往任何一方。因为外面的工作是一种催化剂的作用，而内部的工作才是我们的根本性工作。

40. 做任何事情，都要有计划，有策略，有高度，否则，你将会失去很多额外的成果和乐趣。

41. 管理工作，在我认为，就是一种协调和谋划工作。协调好各部门、各层次、各领域的工作，谋划好未来的发展，只有有目标，才会有动力，才明白我们怎么走，走向何方。

42. 作为领导，守住清廉，就是守住岗位。

43. 人与人之间的交往，用淡如水，不为过，但最佳境界应该是相互滋养。

44. 学习的最佳境界绝不只是获取或收获，而应该是一种自悟和内化，不断形成自己的认识和底蕴。

45. 作为教师，必须把学科与学生研究放在首位，只有这样，你才活出你的幸福和精彩。

46. 一位领导，是一个单位的中枢，我们必须保持清醒的头脑，科学的决策，以及高效的执行力。

47. 学习是一名干部永恒的主题，活到老学到老，才能永葆青春魅力。

48. 一辈子，能遇到一位善良，善解人意，善于关心下属的领导，真的很难得！如遇到，除了好好配合之外，真的需要我们好好去感恩他！

49. 人一辈子，学习和改变永远在路上。

50. 思想有多深，路就有多远。

51. 能调动人高效干活做事，才是一位领导的真本领。

52. 人生所谓的幸福，就是在合适的时间，到合适的地方，遇到合适的人，做合适的事。

53. 一个群体绝对不是一个人的群体，而是大家的群体。因此我们要珍爱每一个人。

54. 为丰富谈资，我们必须付出更多。

55. 研究务必要专心，同时付诸实际行动！

56. 任何事情，必须认真准备，并且努力做到极致，不然机会来了，也会丢失的。正所谓机会永远留给有准备的人。

57. 人有时候也要给自己放个假，这样的你才会以最好的状态迎接明天更大的挑战。正如一句话所说："短暂的休息就是为了更好的前行。"

58. 历史的就是未来的。所以我们在工作中，务必重视历史文化的积淀和底蕴建设。

59. 言多必失。作为领导，必须谨言慎行。

60. 相信每一个人，给每个人发光的机会。

61. 幼儿园的决策，必须多问问大家，然后再综合意见。这样除了能做出最好的决策，同时还让对方有位置感。

62. 工作和生活一样，每一件不经意的事情，也许就能实现水能载舟亦能覆舟的效果。所以，在管理上，任何时候都应该谨言慎行。

63. 让一步与人同行。宽容其实就是最高的情商。

64. 赞赏他人就是一种美德，也是最有效的沟通方式。

65. 能写作，是一名优秀干部的法宝，它能让你更加优秀，锦上添花。

66. 作为领导，相信伙伴，就是多一个帮手，多一名好干部。

67. 目标是工作的方向和主心轴，有了主心轴，自然就能方向明确，旗帜鲜明。

68. 能和他人和谐相处，其实就是高情商的表现。

69. 撰写日记的好处：第一是及时反思一天的得与失；第二是提升自身对生活和工作的洞察能力；第三是锻炼自身对问题的剖析和处理能力；第四是让自己变为一个懂得感恩的人。

70. 我们不能贪心，而是要学会谦让，有时候你的谦让看似失去，实则得到的更多。所以，你的贪心，看似得到，其实失去的更多。

71. 管理就是服务，不只是说的，而是需要时时刻刻去思考，时时刻刻去观察，时时刻刻去践行。

72. 学习其实也是一种心态，只要你认识到，就会挤时间，一如既往和高效率地进行。

73. 使用策略，千万不能千篇一律，而应该是有的放矢，不然你的僵化会让你陷入僵局，下不了台。而如果能做到张弛有度，一切就都会春风化雨。

74. 人活着必须有个仪式感，工作有工作的仪式，节日有节日的仪式，家庭有家庭的仪式。

75. 幼儿园领导，应如何搞教研？这是一个比较重要课题。这方面仁者见仁智者见智，但我现阶段的理解是树立远大而科学的目标，主动学习，精准引领，做到有目标、有规划、有策略、有成效，提升公信力，优化教研成果。其实说白了，就是我们自身要有底气，能说上几句话。

76. 人生真的需要几位知心的好朋友，除了分享喜怒哀乐外，还可以相互帮助。

77. 至于情商，其实我认为谦虚是制高点，懂得留后路是次之，但固执和夸大是最不好的。

78. 勤于总结和反思，乐于学习与实践，是作为一名教育工作者的基本要求。

79. 学会感恩，生活才会有奔头，心里才能舒坦。

80. 既然是资源，我们就要使用，不然就像藏书不读如藏木，慢慢就会浪费掉。

81. 学会控制情绪的人，才会赢得人生。

82. 学习才能杜绝无知，学习才能不断看清自己，不然总觉得自己很行，殊不知，自己已是井底之蛙。

83. 小孩子成长需要平台，大人成长更加需要平台。所以，平台才是我们每个人成长的阶梯，这也是作为管理者应该做的事情。

84. 做事主动，你就能出彩。

85. 大胆分享，就能让自己占据更高位置。

86. 每一种能力的习得，都能给自己带来自信，给自己增加更多获胜的筹码！

87. 一个单位，能把年轻人调动起来，就能看到未来的希望。

88. 勤总结，勤反思，方能快进步，快成长。

89. 作为领导，相信每个人，是做好工作的基础。因为每一项工作都需要人去做，每件事都需要专门的人思考。

90. 每项工作，我们都有章可循，有理有据，否则，将站不住脚。

91. 工作，真的就是边做边学。用常用的一句话："一辈子做老师，一辈子学做老师。一辈子做园长，一辈子学做园长。"

92. 如何管理？如何决策？如何说话？看来都是非常深奥的人生课题，只能说活到老学到老，遇事多思考，努力做一位勤于实践的思考者。

93. 领导处理事务，应多利用软批评，因为软批评彰显的是我们的胸怀和大度，我们的淡定与稳重，我们的运筹帷幄与胸有成竹！

94. 作为管理者，得饶人处且饶人，而不是赶尽杀绝。试想，一位朋友或同事，因为你的问题失去生命的话，也许伤心一辈子的人将会是你。

95. 管理就是服务，工作就是修行。我们在处事时，永远记住我们是为人民服务，也永远记住每一次事件的处理，都是一次修行的过程，一次领导能力的提升和锻炼，一次领导魅力的显现。

96. 冲动是魔鬼。凡事如果你往后推理五步后，结果都是良好的，那就大胆实施，否则，请你记住："善为至宝，一生用之不尽；心作良田，百世耕之有余。"

97. 感恩是做人的根本。感恩的方式有多种，但只要心到，任何方式都是合理的。

98. 朋友可以多交，但话不能多说。事可以多做，但私心不能过重。

99. 健康才是一个人活着的基础，顺利工作的根本。

100. 一个人的梦想，不会是一想就能达成，而是需要经历一段挫折后，磨砺后，才可能实现。绝对不会偶然或意外就能实现的。印证了"不经一番彻骨寒，怎得梅花扑鼻香"的哲理。

101. 人的思考和作为要有的放矢，能屈能伸，能进能退，能动能静，不然一味地往前冲，却忘了休息一下，思索一番，往往一切错误就是在这个时候造成的，甚至是不可挽回的。

102. 赢得别人的信任，才是我们必须努力的方向，也是证明我们对他人，对社会还有一定价值的途径。

103. 任何事情，都需要未雨绸缪。这其实就是给自己做好一切准备，不然，到时就会自乱阵脚。

104. 懂得感恩，就是懂得把握未来。懂得感恩，就是懂得稳步前行。常怀一颗感恩的心，一路欢歌，一路顺畅。

105. 分享与汇报是赢得别人信任和支持的最佳法宝。因为你的分享让别人更加了解你，赢取更多的共鸣，让自己寻找到自己需要的获得感。

106. 做事情，策略和计划永远在前面。

107. 任何娱乐，不能太过于入迷，因为请你永远记住：玩物丧志。

108. 作为领导者，有人做事是根本，把事做精，做成特色，树立品牌，是我们永远的追求。

109. 领导的风格魅力，绝不只是压迫、吆喝，应该也有幽默、理解。不然，到时演变成物极必反，一切就比较麻烦和啰嗦啦！

110. 任何事情，千万别老挂在嘴巴上说，当事者听多了，会心烦，也会产生误会。所以我们真的要做一名既能志存高远，又能宁静致远的隐士。

111. 作为领导者，必须时刻保持清醒的头脑。这才能为你的执政加分。不然，一辈子就可能因为一件事情，可以让你回不了头。

112. 激励和赞赏，永远是我们作为领导者最好的管理方式，因为你的激励和赞赏，就是他们前进的动力和加油站。

113. 学习是我们管理者永恒的旋律，也是我们永远常青的唯一途径。

114. 在管理上，采取骂人和压迫的手段进行管理，在我看来，其实就是一种懦弱的表现。

115. 作为领导者，决定任何工作前，都应该进行一定程度或相关途径的调查，相互讨论后，研究出上上之策，或寻找到最大公约数，不然你的决策有效性和科学性是有待实践考验的。

116. 学习，真的不只是行动或说说这么简单，需要的是一种意志和态度。因为享受这一过程所带来的幸福感和获得感的人，绝对能得到蜕变。

117. 如果说当上园长是一次梦想的实现，我想说，他更多的是一种责任与担当。曾经担任中层的我，牵挂的是我的工作和我的家庭，而现在牵挂的是我们几百个孩子，几十位教师，以及幼教事业的宏观发展。

118. 只要我们用心用情，定会让我们的幼教梦想择高而立、贴地而行、落地开花。

119. 每个人都会洗澡，其实我们的精神世界也是一样，也需要定期洗个澡。

120. 人不学习，就如同一条木柱，随着时间的推移会腐烂或变为多余。但如果我们经常保持一种学习的心态，自然就会是一棵常青树，一朵绽放的鲜花，一颗永远发光的行星。

121. 人要有高级感，包含环境、服装、语言等，不然什么时候都是闷闷沉沉，俗俗气气的，永远达不到理想的状态！

122. 人真的不能太固执和自以为是，这样的话，看似人家表扬你、赞赏你，其实大家心中对你早已厌烦无比。

123. 作为管理者，我们必须做好规划才实施，不然，你的决策，绝对是不理想的，当然可能也有一种好处，就是有时候会碰到无心插柳柳成荫的效果，但这也只是偶然而已。

124. 工作与生活，都很重要，所以作为执政者，真的需要相互兼顾，不然生活不安宁，工作也不会有什么出色，毕竟一心不可多用。

125. 不管在哪里，"忍"永远是我们做事做人必备的品质。

126. 任何时候，我们都需要抓住时间节点，不然出彩的机会就会少很多。

127. 任何机遇，都是给有能力而又准备好的人。

128. 生活的起起落落，都是人生历程的过客，胜不骄，败不馁，坚持自我，永远拥抱阳光，向前直行，时机到了，一切都会变好！

129. 人生旅程存在太多的不确定性，但只要用心的人，认真的人，面对任何事情，才能游刃有余，得心应手，而一时的失利和烦恼，都只是一道需要努力就能迈过的坎而已。

130. 学习与思考，实践与反思，都是我们生活中的常态，只有勇往直前的人，方能悟出真谛，只有屹立不倒，方能看见未来的美好。

131. 在与每个人的交往过程中，最好注意分寸。

132. 我们的日常工作，一定要注意轻重缓急，否则，眉毛胡子一起抓，到头来，没有一样出彩，就是出力不讨好。

133. 对于领导来说，没有信任，就没有委任。

134. 人的幸福是什么？就是不断地追求并实现自己的梦想，哪怕是一点点，一小步。

135. 人生就像爬山，越往上爬，就越感觉累，同时越能看到希望，这需要的是毅力和冲劲。

136. 环境建设需要人文元素，只有把人考虑进来了，才能焕发生命力，才能体现时代内涵。

137. 对于学习的机会，说实话，有些人一点都不觉得宝贵，但对有些人来说，却非常重视，是一次蜕变的机会，所以作为管理者，我们必须想到每一位教师，特别是在基层默默贡献的一线教师。

138. 对于教育而言，每个领域都是课题，都值得深入研究。只有研究了，才能不断改变现状，享受来自学习和进步带来的快乐！

139. 要想永远处于进步的状态，我们必须做一位终身学习者、思考者和实践者。

140. 不管是领导，还是一线教师，切记不能只埋头拉车，更要抬头看路。

141. 在与人交流时，尽可能少说话，多听听他人的阐述，学一学，想一想，也许比自己不断探索自己更好些！

142. 心中有阳光，一切都是美好的。人世间，不能太过计较，更不要太耍心机，这样最终吃亏的都是自己。

143. 清明节才是真正的感恩节！毕竟我们祭拜的都是我们的故人，曾经养育我们的亲人。

144. 健康的身体，才是我们工作的基础。想想如果我们一直卧床不起的话，再远大的理想都是空中楼阁，镜中之花，只能想和看，没什么意义！

145. 作为领导，不能把话说死，而是要把话说圆，说顺，说服他人。

146. 生活需要用心，方能创造幸福。教育更要用心，方能获得成效。

147. 实践永远是最重要的，因为没有实践就没有说话权，没有实践就没有进步的可能。

148. 不管你的位置高低，请你摆正不同时期和不同领域的位置，因为这样的你，才会享受不一样的人生快乐。

149. 对于幼儿园教育，儿童成长才是我们的目标。所以，请你多问一问："童在哪里？""儿童成长点在哪里？"也许问一问，自己就明白啦！

150. 工作需要用心，学习更需用心，因为学不透，就不敢用，没有用，自然就没有前行的动力，所以用心学习是形成个人魅力的主要途径。

151. 对待任何事情，都应该有的放矢，能进能退，能左能右，这样方能把生活节奏控制在自己的身上，以免人云亦云，随波逐流。

152. 忠言逆耳利于行，良药苦口利于病。人生有时候，想早点出头就会急功近利，就奋不顾身，勇往直前，这其实也是很正常，毕竟沉浸在自己的世界里，不能自拔。但如果听到不和谐的声音，或有知心朋友善意提醒，应该好好进行反思，适当放慢脚步，或外松内紧，让我们更加健康成长。还是那句话："短暂的休息，就是为了更好地前进。"

153. 做人一定要做一个明白人，因为这样会让你活得开心自在，否则，迎接你的就是事与愿违。

154. 人贵有自知之明，不然就会随波逐流，失去自我。

155. 每一次的积累，都是一次前行的蓄力；每一次责任的获得，都是一次前行的动力。人生就是这样，在一次次的积累中前行，在一次次获得中不断享受工作带来的幸福。

156. 人在每个阶段，都需要不断地自我革新，自我挑战，通过不断蜕变，迎接崭新的自我。

157. 坚持自我，方能实现自我。

158. 生活不易，因为每个人和每个家庭，都不能逃避柴米油盐酱醋茶。而当今社会，还需要加上车子房子等。

159. 作为领导者，任何时候都需要有清醒的头脑，同时有着敏锐的洞察力，高情商，让自己身边的人更加舒服，并高效完成相关工作。

160. 时间就在那，你是蹉跎岁月，还是高效利用，将会呈现不一样的人生。

161. 好多事情，需要好好规划和奋斗，采取正确的策略才能实现；在实践中，不断调整，最后实现不一样的结果，或超越预期梦想。

162. 什么是生活？也许是千人千面。但按照自己的节奏，基于自己的能力，不断的推进和深入，相信都是大家所期待的最佳结果。

163. 情感投资，是一项长期而一定会有回报的工作。早投资，早出成效，也可以说，什么时候开始投资都不算迟。

164. 作为领导者，平时的讲话，多用"我们"，尽量少用甚至不用"我"，这样地讲话就会在潜移默化中提升团队精神，也是对一线伙伴们的尊重。

165. 在工作布置时，除了需要让职工知道我们的目的、手段，还要让他们知道这样的行为将会呈现出来的成效。

166. 作为主要领导，我们平时的讲话，一定要注意保密性。

167. 人生目标的重要性："篮球有了篮筐才知道是否投进，赛跑设置了终点才知道是否破纪录，人有了目标才知道是否成功。"

167. 领导管理中，温度管理比硬性强压效果一定好很多。因为一个人在好的心情下，好多事情就会事半功倍，主动作为，否则，你的后期工作更加啰嗦。

168. 做人做事，都要坦坦荡荡，这样的过程和结果，都会是皆大欢喜。

169. 也许我们有着远大的梦想，但由于种种原因，未能行动。也许我们有着宏伟的蓝图，但由于种种困难，未能展开。但不管如何，我们都需要做行动者，摒弃"空想家"，因为行动才是到达梦想的途径和桥梁。

170. 家庭是每个奋斗者的港湾，这一港湾，如果想是温暖的，就必须融入每一位成员的心血与汗水，否则，她永远不会产生舒适的温度。

171. 管理工作重点在发现问题、分析问题、策略研究、沟通协调，以及高效执行。

172. 我们作为管理者，经常说三思而后行，我觉得责任担当才是使然。

173. 积累是一个人锻炼意识的最好方式。不积跬步无以至千里，不积小流无以成江河。

174. 管理一个单位，就要学学《西游记》中的唐僧，能把三个迥然不同性格的人领导好，管理好，为自己服务，为目标服务。

175.作为管理者，对任何一位部下，都应该一视同仁，都应该严宽并济，这样你说的话，做的事，方能获得他人的认可和支持。

176.面对一个单位繁杂的事务，如何能让自己主线鲜明，整体稳定，并跨步前行，是需要用自己的智商、情商，进行科学甄别与梳理，让自己主次分明，只有这样的领导思维，你的工作才能在短时间内做出特色，做出成效。

177.成果化，应该是一位领导者的主方向，主策略。

178.作为领导，统筹安排和科学部署是基本功，也是永远的课题。

179.教研，不是静待花开，而是时时花开，否则，到真正花开时，已物是人非。

180.做任何事情，都应该给自己留下一定的余地，让自己游刃有余，避免走进死胡同。

181.作为教育管理者，我们必须注意协调好行政管理和专业发展的关系，两头兼顾，两头都要出成果，因为这两头都涉及你的前途。行政管理是政治资本，是工作平台，而专业则是让你更加自信和获得幸福感的途径之一。

182.作为领导，政治觉悟非常重要，决定了你处理事情的力度和策略选择。

183.人的度量，是从个人经历和认知决定的。

184.放手，意味着给别人机会，特别是管理者，这也意味着信任其他人。

185.作为管理者，和下属的交流有很多种，但我个人认为，能和谐幽默地相处，就是最好的方式，毕竟那样的关系，才是大家彼此感到舒服的方式。

186.工作是需要一步一步往下开展的，得饶人处且饶人，别过于钻牛角尖。

187.人的生命状态，绝对不是永远在运动，而是需要劳逸结合，我们必须要有自己的目标和寄托。

188.人生活的最佳境界：生活平平淡淡，工作踏踏实实，梦想甜甜美美，待人和和睦睦。

189.作为领导者，统筹安排和放手很重要，抓住重点不断引领是关键，这就是让人做事，并做出成效的真谛。

190.世界上永远没有后悔药，但有多少人依然在不断地去涉足。

191.一个人的性格，真的要随和，不然跟你在一起的人很不自然，甚至有时自己也会不断地被伤害。

192.没有调研就没有说话权，单位上的工作，我们虽然说不一定要亲力亲为，但也要了解实际情况后，才能做最后的结论。

193.在公共场合，我们永远不要说别人的坏话，以免他人添油加醋，火上浇油，给自己造成影响。

194.作为领导，不管是谁，只要有付出，就应该给予大力表扬和肯定，让自己的下属能舒心做事。

195. 人生不只是为了生存，更多的是为了更好地生活，活出精彩，活出格调，活出心中的样子。

196. 好记性不如烂笔头。作为一名领导，真的需要用最简单的方式，记录比较繁杂的日常工作。

197. 作为领导，管理方面必须做到以制度管理人，让想做事、会做事、做成事的职工有平台、有存在感和位置感。

198. 说实话，管理的成功，首先是管人的成功，否则一切都只是一种形式或口号而已。

199. 生命不息，学习不止。学习不止，前行不停。前行不停，目标必达。

200. 作为领导，对于应酬，不是来者不拒，而是妥善合理安排，别让应酬变成累赘，更不能让应酬冲击我们的专业发展。

专业愿景：

夯实底蕴促发展　豪迈走进新时代

第一部分：不忘来时路　砥砺新征程

本人出生于 1982 年 11 月，中共党员，2001 年参加工作，中专毕业于湛江市幼儿师范学校（幼儿教育），大专和本科均毕业于湛江师范学院，曾任教于幼儿园、小学、初级中学、九年一贯制学校，2018 年被评为"广东省南粤优秀教师"，2020 年 7 月担任湛江市第二幼儿园园长职务。

本人是湛江市首批名教师培养对象，广东省骨干教师培养对象，湛江市首批、第二批名教师工作室主持人 (小学音乐)，湛江市初中音乐兼职教研员，霞山区小学音乐兼职教研员，湛江市中小学音乐教师职务培训专业指导教师，湛江市小学音乐教师资格证考官，湛江市小学音乐骨干教师跟岗学习指导教师。先后多次荣获区级市级省级比赛奖项，开展专题讲座十余场，送课下乡十余次，各级报刊发表教育教学论文 12 篇，完成省级课题研究 3 项，区级课题研究 1 项，正在研究市级课题 1 项，主持和研究省级项目 3 项。2019 年出版发行个人专著《做一位用心的教师》，2020 年 5 月出版发行编著《爱满校园——"我的教育小故事"评析与拓展》，主编和参与编写校本（园本）教材（绘本）30 多套，课程特色建设成果获省级奖项 2 次。

一路奋进，一路欢歌，我深深体会到"成功乃是成功之母"的哲理，将不忘来时路，砥砺新征程。

第二部分：夯实底蕴促发展　携手共创幸福园

多年来，我园坚持走"课程特色化，特色课程化"的发展思路，践行"常规工作主题化，主题性工作成果化"的管理理念，夯实和深化办园宗旨，推行"幸福教育"主张，探索实施"小乐园　大世界"园所文化建设和园本课程体系建设，创办园本月刊《幸福二幼》并编辑印发几十套特色绘本，实现"二幼佳绩创造不必在我，但务必有我"和"二幼历史长河不由我创，但必留我痕"的工作愿景。

截至目前，我园建园 71 年，曾获评全国绿色学校创建活动先进学校、广东省"三八"红旗集体、广东省优秀家长学校、广东省绿色学校、广东省中小学教师校本研修示范培育学校、教育部"九五"重点课题《幼儿科技教育》优秀实验基地、教育部"十五"重点课题《幼儿可持续发展及其师资培训》优秀实验基地等省级荣誉。

第三部分：多措并举奔向前 撷取硕果再出发

我们的团队齐心协力，多措并举，一路前行，一路撷取，正意气风发地奔向新时代。

一、构建"学习型教师团队"。我们以"立德树人"为根本任务，围绕提高教师专业素养为主要内容，以园本培训为载体，通过课题研究、专家引领、青年教师成长月、自主研修与发展等形式，不断提高全体教职工专业素养，构建"学习型教师团队"。

二、开展"专业性课题研究"。我们的团队积极开展各项科研课题，成果显著，先后被评为教育部重点课题优秀实验基地，荣获湛江市普通教育教学成果评比二等奖，在省、市各级刊物发表论文和获奖 45 篇，获团体奖项三百多次，成为粤西幼教界科研领域的领头羊。

三、发挥"区域性引领辐射"。"一花独放不是春，百花齐放春满园"我们团队积极响应《湛江市城乡幼儿园帮扶行动计划》，先后帮扶雷州市英利镇中心幼儿园、雷州市龙门镇中心幼儿园、雷州市杨家镇中心幼儿园等三十多家幼儿园，开展多场专题性成果分享会和专题讲座，切实发挥区域性引领辐射效能，助力湛江幼教均衡发展。

结语：

成绩已属过去，未来更需奋进。我们二幼团队将继续争当时代奋进者，改革创新者，责任担当者，通力合作，砥砺前行，不断开创幸福二幼新纪元。

——2021 年 6 月 15 日撰于家中

结束语

在编写本书的过程中，笔者借鉴和参考了国内外一些知名专家的著作和研究成果，引用了一些教师的案例，在此向以上所有专家、教师致以衷心的感谢！受沟通渠道所限，我未能与所有作者都取得联系，敬请谅解。

致谢

本书为了保证质量，提高实践和理论水平，得到了岭南师范学院周仕德博士的全程指导，在此，表示诚挚的谢意！

感谢湛江市第二幼儿园的各位伙伴！

感谢一直关注我专业发展的各级领导！

参考文献

[1] 管旅华.《3~6 岁儿童学习与发展指南》案例式解读 [M]. 上海：华东师范大学出版社 .2013.8

[2] 教育部基础教育司. 游戏·学习·发展: 全国幼儿园优秀游戏活动案例选编 [M]. 北京: 人民教育出版社，2020.

[3] 教育部基础教育司组织编写.《幼儿园教育指导纲要（试行）》解读 [M]. 南京：江苏教育出版社 . 2017.

[4] 李季湄, 冯晓霞《3~6 岁儿童学习与发展指南》解读 [M]. 北京: 人民教育出版社 .2013.

[5] 潘月娟 . 学前儿童观察与评价 [M]. 北京：北京师范大学出版社，2015.

[6] 幸福新童年编写组 .《幼儿园教育指导纲要（试行）》及相关法规汇编 [M]. 北京：首都师范大学出版社，2017.